SIEDLUNGSFLÄCHENVERBRAUCH IM BLICKWINKEL DER ZONENPLANUNG

EINE FLÄCHENANALYSE IN 12 SOLOTHURNISCHEN TESTGEMEINDEN IM ZEITRAUM 1960 – 1985

INAUGURALDISSERTATION

ZUR
ERLANGUNG DER WÜRDE EINES DOKTORS DER PHILOSOPHIE
VORGELEGT DER
PHILOSOPHISCH-NATURWISSENSCHAFTLICHEN FAKULTÄT
DER UNIVERSITÄT BASEL

VON
THEOPHIL FREY
DULLIKEN SO

OLTEN 1988
DIETSCHI AG

SIEDLUNGSFLÄCHENVERBRAUCH IM BLICKWINKEL DER ZONENPLANUNG

Eine Flächenanalyse in 12 solothurnischen
Testgemeinden im Zeitraum 1960 - 1985

Basler Beiträge zur Geographie
Heft 37
Basel 1989

Genehmigt von der Philosophisch-Naturwissenschaftlichen
Fakultät

auf Antrag der
Herren Prof. Dr. W.A. Gallusser und PD Dr. R.L. Marr.

Basel, den 14. Juni 1988

                                        Prof. Dr. Gottfried Schatz
                                                   Dekan

VORWORT

Angeregt durch das Kantonale Raumplanungsamt, die Siedlungsflächendynamik des Kantons Solothurn im Blickwinkel der angewandten Raumplanung zu analysieren, übertrug mir Herr Prof. Dr. W.A. Gallusser im Sommer 1982 diese Arbeit als Dissertationsthema. Die zeitaufwendige Datenerhebung wurde in den Jahren 1982 bis 1985 durchgeführt. Die Datenauswertung und die Niederschrift der Resultate beanspruchte die Zeit vom Herbst 1985 bis zum Frühling 1988.

Herrn Prof. Dr. W.A. Gallusser, unter dessen Leitung die Untersuchung stand, gilt mein herzlichster Dank. Seine unermüdliche und immer wieder ermutigende Einflussnahme auf den Gang der Arbeit waren für mich von grösster Hilfe.

Ein Wort des Dankes geht auch an die Herren G. Knauer, Regionalplaner des Kantons Solothurn, und E. Eigenmann, Vorsteher der Solothurnischen Gebäudeschätzung, für die zahlreichen anregenden und kritischen Gespräche.
Zu Dank verpflichtet bin ich im weiteren all den Gemeindevertretern, die mir über die kommunalen Siedlungsbelange bereitwillig Auskunft gaben.

Mit besonderer Dankbarkeit aber denke ich an meine Eltern und schliesslich an meine Frau. Die Arbeit an meiner Dissertation und die begleitende Unterrichtstätigkeit liessen oft wenig Zeit übrig. Ihr stetes Verständnis, ihre Aufmunterung und Hilfe ist mir Verpflichtung - ihnen sei die Arbeit gewidmet.

Dulliken, im Mai 1988

INHALTSVERZEICHNIS   Seite

VORWORT   3

EINLEITUNG   9

I.   TEIL: KONZEPT UND METHODISCHES VORGEHEN   12

1.   RÄUMLICHER UND ZEITLICHER RAHMEN DER STUDIE   12

1.1   Selektive Erfassung des Kantonsgebietes   12
1.1.1   Allgemeines   12
1.1.2   Auswahlkriterien   12
1.1.3   Uebersicht der Testgemeinden   21

1.2   Zeitlicher Rahmen der Untersuchung   31

2.   KOMMUNALE SIEDLUNGSFLÄCHENANALYSE   33

2.1   Zonenplan als Raster der Siedlungsflächen-
        analyse   33
2.1.1   Flächenerhebung innerhalb der Bauzone   33
2.1.2   Bauflächenanalyse ausserhalb der Bauzone   34

2.2   Detaillierte Methodik und benützte Grundlagen
        bei der Flächenerhebung   37
2.2.1   Erhebung der Bauzonen- und Zonenartenflächen   37
2.2.2   Erfassung der Flächen von Bauten und Anlagen   38
2.2.3   Verkehrsflächenerhebung   39

2.3   Wohnbauflächenverbrauch pro Einwohner und
        Haushalt   41
2.3.1   Ziel der Ermittlung   41
2.3.2   Berechnung der Wohnbaufläche pro Einwohner
        und Haushalt   42

II.   TEIL: ERGEBNISSE DER SIEDLUNGSFLAECHENANALYSE   43

3.   BAUZONENANALYSE   43

3.1   Analyse der gesamten Bauzonenfläche   43
3.1.1   Bauzonengrösse   43
3.1.2   Bauzonenaufteilung   45
3.1.3   Gesamter Flächenverbrauch innerhalb der Bau-
        zone   46
3.1.4   Nutzungsspezifischer Flächenverbrauch inner-
        halb der Bauzone   47

Seite

3.2	Flächenanalyse innerhalb der einzelnen Zonenarten	51
3.2.1	Einfamilienhauszone (EFH-Z)	51
3.2.1.1	Flächenverbrauch für Bauten und Anlagen in der EFH-Z	53
3.2.1.2	Parzellenspezifische Betrachtungen innerhalb der EFH-Z	59
3.2.1.3	Verkehrsflächenanteil in der EFH-Z	70
3.2.1.4	Reservefläche innerhalb der EFH-Z	74
3.2.1.5	Haushalts- und einwohnerspezifischer EFH-Z-Verbrauch durch Bauten und Anlagen	80
3.2.2	Mehrfamilienhauszone (MFH-Z)	86
3.2.2.1	Flächenverbrauch durch Bauten und Anlagen in der MFH-Z	87
3.2.2.2	Wohnungsspezifische Betrachtungen innerhalb der MFH-Z	89
3.2.2.3	Verkehrsflächenanteil in der MFH-Z	94
3.2.2.4	MFH-Z-Reserve für Bauten und Anlagen	94
3.2.2.5	Haushalts- und einwohnerspezifischer MFH-Z-Verbrauch	98
3.2.3	Kernzone (Kern-Z)	103
3.2.3.1	Flächenverbrauch durch Bauten und Anlagen innerhalb der Kern-Z	103
3.2.3.2	Verkehrsflächenanteil in der Kern-Z	106
3.2.3.3	Flächenreserve für Bauten und Anlagen innerhalb der Kern-Z	107
3.2.3.4	Haushalts- und Einwohnerdichte in der Kern-Z	109
3.2.4	Industrie- und Gewerbezone (IG-Z)	111
3.2.4.1	Flächenverbrauch durch Bauten und Anlagen in der IG-Z zwischen 1960-1980	111
3.2.4.2	Reservefläche für Bauten und Anlagen innerhalb der IG-Z von 1980	112
3.2.4.3	Entwicklung des Flächenverbrauchs pro Arbeitsplatz in der IG-Z zwischen 1965-1985	114
3.2.5	Oeffentliche Bauzone (OeBa-Z)	116
3.2.5.1	Flächenanspruch der differenzierten öffentlichen Nutzungen innerhalb der OeBa-Z	116
3.2.5.2	Flächenreserven in der OeBa-Z	119
4.	SIEDLUNGSFLÄCHENANALYSE AUSSERHALB DER BAUZONE	120
4.1.	Siedlungsentwicklung ausserhalb Bauzone	120
4.1.1	Flächenverbrauch durch Bauten und Anlagen ausserhalb der Bauzone in den 11 Testgemeinden zwischen 1960-1982	122

		Seite
4.1.2	Verkehrsflächenentwicklung ausserhalb der Bauzone zwischen 1960-1982	124
5.	ZUSAMMENFASSUNG	128
	QUELLENVERZEICHNIS	135
	ANHANG	141
	- Tabellen:	
	Bauflächen und Einwohner innerhalb Bauzone	142
	Verkehrsflächen innerhalb Bauzone	155
	Bauflächen und Einwohner ausserhalb Bauzone	168
	Verkehrsflächen ausserhalb Bauzone	180
	Gesamtflächenbilanz innerhalb und ausserhalb Bauzone	186
	- Pläne:	
	Bauflächenentwicklung ausserhalb Bauzone	187
	Bauflächenentwicklung innerhalb Bauzone	198

Einleitung

Problemstellung

> "Wer unser Mutterland durchwandert, durchfährt
> oder überfliegt, müsste sehen, in welch gedan-
> kenloser Weise unsere Schweizer Erde vergeudet
> wird, sogar unsere Alpentäler sind bereits an-
> gekränkelt." (A. Meili,1964)[1]

Das Zitat von Meili, Vorkämpfer der Schweizerischen Landesplanung, ist heute aktueller denn je. Wohl verlief die Siedlungsentwicklung in jüngster Vergangenheit räumlich geordneter - ein Verdienst der Raumplanung; der absolute Flächenverbrauch war jedoch in keiner andern Zeitphase grösser als im letzten Jahrzehnt. Wer glaubte, der rasant fortschreitende Bodenverlust würde sich alleine als Folge der beinahe stagnierenden Bevölkerungszahl und der abgeschwächten Wirtschaftsentwicklung verringern, muss sich heute getäuscht sehen. Während die Schweizer Bevölkerung zwischen 1970 und 1980 um 1,5 Prozent zunahm, steigerte sich der Bodenverlust um 12 Prozent.[2] Pro Kopf stieg die Nettosiedlungsfläche[3] in dieser Dekade von 270 m^2 auf 298 m^2. Bis zum Jahre 2000 werden es voraussichtlich 323-358 m^2 sein.[4] Angesichts der knappen Kulturlandreserve in unserem Land ist diese Entwicklung als besonders gravierend einzustufen.[5] Jährlich gehen rund 3000 Hektaren landwirtschaftliche Produktionsfläche verloren, wovon ungefähr 80 Prozent auf das Flachland entfallen. Gerade dort bestehen aber für die Landwirtschaft die klimatisch, edaphisch und reliefmässig besten Anbaubedingungen.[6]

1) A. Meili, "NZZ",4.10.1964.
2) P.A. Rumly, 1984:109
3) Die Nettosiedlungsfläche entspricht der überbauten Fläche. Sie setzt sich zusammen aus der überbauten Fläche zum Wohnen und Arbeiten sowie aus jenen der öffentlichen Bauten und Anlagen und den Verkehrsflächen.
4) P.A. Rumly, 1984:168.
5) Aufgrund dieser Sachlage hat der Bundesrat die Raumplanungsverordnungen im Interesse der Kulturlanderhaltung (Fruchtfolgeflächen) revidiert(26.3.1986). Die Kantone sind nun verpflichtet, eine vorgegebene Fruchtfolgefläche zahlenmässig und kartografisch auszuweisen.
6) Vgl. M.Pfisterer, In: Raumplanung,1,1984:4.

Das Bundesgesetz über die Raumplanung (RPG) vom Juni 1979 verpflichtet Bund, Kantone und Gemeinden zum sparsamen Bodenflächenverbrauch. Es hält in seinem ersten und gleichsam wichtigsten Ziel fest, dass der Boden haushälterisch genutzt und die raumwirksamen Tätigkeiten aufeinander abgestimmt werden müssen.[7] Die Hauptmassnahme, welche zum Erreichen dieses Ziels getroffen wurde, ist die Abtrennung des Baugebietes vom Nichtbaugebiet. Die Gemeinden müssen im Rahmen ihres Zonenplanes, welcher auf den kantonalen Richtplan abgestimmt sein muss, ihr Baugebiet (Bauzone) festlegen.[8] Dabei stellt sich die Frage nach deren Dimensionierung und Aufteilung in die verschiedenen Nutzungszonen (Zonenarten). Nach Art. 15 des RPG dürfen Bauzonen nur Land umfassen, das (a) weitgehend überbaut ist und (b) voraussichtlich innert 15 Jahren benötigt und erschlossen wird.[9] Das Kernproblem, das sich aufgrund dieser gesetzlich festgelegten Dimensionierung für den Planer ergibt, ist die flächenmässige Umsetzung dieser zeitlich definierten Bauzonenreserve. Eine unerlässliche Voraussetzung zur Lösung dieser Aufgabe sind Flächenbilanzen, die Aufschluss geben über den Zustand und die laufenden Veränderungen der Siedlungsfläche auf der Grundlage der heutigen Planungs- und Siedlungstechnik.[10] In der Schweiz gibt es hierzu bis heute keine zuverlässigen Daten, die den Anforderungen der Raumplanungspraxis genügen würden. Die hier vorliegende Studie möchte dazu im Umfang einer kantonalen Untersuchung einen Informationsbeitrag leisten.

---

7) RPG vom 22. Juni 1979, Art. 1, Abs. 1.
8) Vgl. M.Lendi,H.Elsasser, 1986:225.
9) RPG vom 22. Juni 1979, Art. 15.
10) Bundesamt für Raumplanung, Raumbeobachtung Schweiz, 1983:5ff.

Ziel und Zweck der Studie

Das Hauptziel dieser Studie ist, eine auf die Raumplanung im Kanton Solothurn abgestimmte Datenbasis zu erstellen, die als Grundlage zur Lösung von Dimensionierungs-Problemen bei der Ausscheidung von Siedlungsflächen dienen kann. Dazu soll der exakte Flächenverbrauch für alle Siedlungszwecke innerhalb und ausserhalb der Bauzonen von dem Zeitpunkt an erfasst werden, als die Mehrheit der Solothurner Gemeinden bereits über einen Zonenplan verfügte. Im Vordergrund des Interesses steht der realisierte Flächenverbrauch innerhalb der Bauzone. Er wird für die einzelnen Zonenarten getrennt eruiert. Im weiteren sollen auch die vorhandenen Bauzonenreserven erhoben werden.

Ergänzend wird zu diesen reinen Flächenerhebungen die exakte Haushaltungs- und Einwohnerzahl separat nach den verschiedenen Nutzungszonen ermittelt. Verknüpft mit den Flächendaten, können damit für die Planung wichtige Richtwerte errechnet werden, welche auf die spezifischen Siedlungsverhältnisse des Kantons Solothurn abgestimmt sind.

Die Untersuchung soll letztlich auch einen Ueberblick über die siedlungsräumlichen Entwicklungstendenzen im Kanton Solothurn liefern.

I. TEIL: KONZEPT UND METHODISCHES VORGEHEN

1. RÄUMLICHER UND ZEITLICHER RAHMEN DER UNTERSUCHUNG

1.1 Selektive Erfassung des Kantonsgebietes

1.1.1 Allgemeines

Zum vornherein muss festgehalten werden, dass eine umfassende kantonale Siedlungsflächenanalyse die gesamte Kantonsfläche zu berücksichtigen hätte. Da es die Siedlungsflächendynamik anhand exakter Daten zu analysieren galt - was minutiöse, aufwendige Erhebungen erforderte - musste die Untersuchung auf eine angemessene Zahl von Testgemeinden, welche jedoch die generellen Siedlungsverhältnisse des Kantons zu repräsentieren vermögen beschränkt werden.[11] Um eine für unsere Zwecke aufschlussreiche Auswahl zu treffen, wurden aus den 130 Solothurner Gemeinden 12 Testgemeinden ausgewählt. Diese wurden nach objektiven, für die Siedlungsdynamik relevanten Kriterien bestimmt (s. Abb.1).

1.1.2 Auswahlkriterien

a) Regionale Lage

Die formale Zerrissenheit des Kantonsgebietes und die Barrierewirkung der Juraketten gliedern den Kanton Solothurn in vier geografisch kohärente Teilgebiete: Region Solothurn-Grenchen-Bucheggberg, Region Thal, Region Olten und Region Dorneck-Thierstein. Um eine räumlich umfassende Repräsentierung des Kantonsgebietes gewährleisten zu können, mussten bei der Testgemeindewahl alle vier Regionen berücksichtigt werden.[12]

---

11) W.A. Gallusser bezeichnete die Testgemeinde-Methode in seiner Habilitationsschrift (1970:18f) als sinnvolles Prinzip, einen Grossraum auf rationelle Weise zu analysieren.
12) Unsere Gliederung deckt sich, mit Ausnahme der Region Solothurn-Grenchen-Bucheggberg, mit den Planungsregionen der Regionalplanungsgruppen (vgl. Kantonaler Richtplan SO, 1982). Eine getrennte Betrachtung der Region Grenchen-Bucheggberg wäre aufgrund unserer Zielsetzung nicht sinnvoll gewesen.

Abb.1: Regionale Gliederung des Untersuchungsraumes und Lage der Testgemeinden

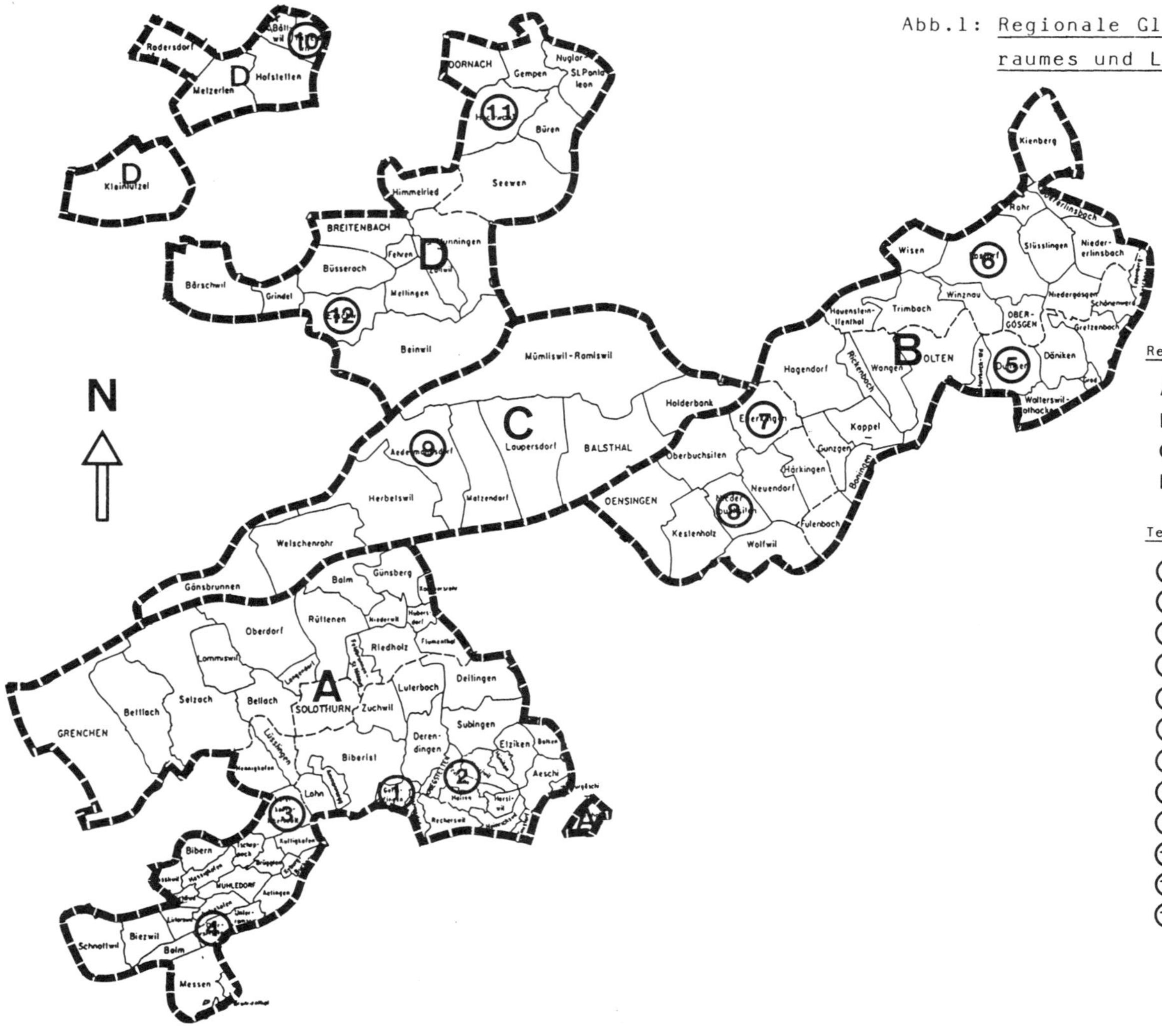

Regionen

A Solothurn-Grenchen-Bucheggberg
B Olten
C Thal
D Dorneck-Thierstein

Testgemeinden

① Gerlafingen
② Oekingen
③ Lüterkofen-Ichertswil
④ Oberramsern
⑤ Dulliken
⑥ Lostorf
⑦ Egerkingen
⑧ Niederbuchsiten
⑨ Aedermannsdorf
⑩ Witterswil
⑪ Hochwald
⑫ Erschwil

b) Zentralörtliche Lage

Ausgehend von der Tatsache, dass der Siedlungsdruck in den Gemeinden wesentlich bestimmt wird durch ihre zentralörtliche Lage - der Agglomerations- und Rurbanisierungsprozess[13] sind klare Beweise dafür, wurden die Testgemeinden aus unterschiedlichen raumzeitlichen Entfernungen der für den Kanton Solothurn bedeutsamen Zentralen Orte ausgesucht. Dazu teilten wir das Kantonsgebiet in drei Zentralitätsbereiche ein (s. Abb. 2).

Zentraler Bereich

Er umfasst die solothurnischen Gemeinden der Agglomerationen[14] Solothurn, Grenchen, Olten, Aarau und Basel. Dazu werden ebenfalls die beiden Unterzentren Balsthal und Breitenbach gezählt.[15]

Uebergangsbereich

Dazu gehören die Gemeinden im nahen Umland des zentralen Bereichs. Zum nahen Umland der Agglomerationen werden diejenigen Gemeinden gerechnet, die nicht weiter als zehn "Autominuten" von der Agglomerationsgrenze entfernt liegen. Zum nahen Umland der Unterzentren zählen die Gemeinden, welche nicht weiter als fünf "Autominuten" vom Zentrum entfernt liegen.[17]

Zentrumperipherer Bereich

Dieses Gebiet setzt sich aus den Gemeinden zusammen, die ausserhalb des zentralen Bereichs und des Uebergangsbereichs liegen.

13) Der Begriff "Rurbanisierung" (in der Raumplanung wird dafür meistens der Ausdruck "Periurbanisierung" verwendet) wird von J.David (1979:21) wie folgt definiert: "Le mot rurbanisation désigne plus précisément la fixation dans les campagnes périurbaines de résidences de citadins qui se rendent chaque jour en ville à leur travail."
14) Die Agglomerationen wurden gemäss Neudefinition der Schweizer Agglomerationen abgegrenzt; Bundesamt für Statistik Bern, 1983.
15) Vgl. mit der zentralörtlichen Gliederung des Kantons Solothurn von U.Wiesli (1970:490ff).
16) Der Berechnung der Fahrzeiten wurde eine durchschnittliche Fahrgeschwindigkeit von 60 km/h. zugrunde gelegt. Die Fahrdistanz wurde jeweils von den Siedlungskernen der Umlandgemeinden zu den Siedlungskernen der nächstliegenden Agglomerationsgemeinden bzw. Unterzentren gemessen.

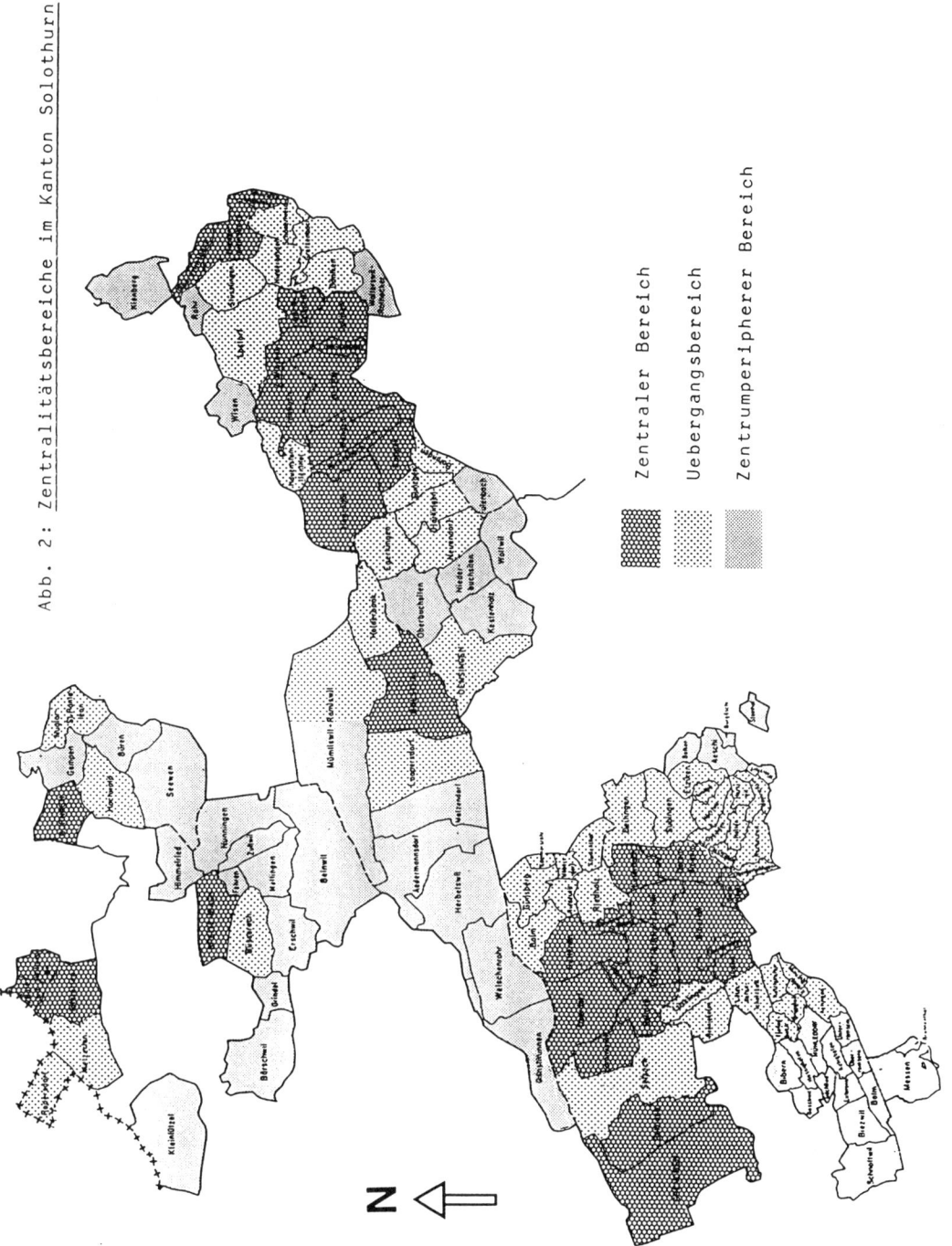

Abb. 2: Zentralitätsbereiche im Kanton Solothurn

Zentraler Bereich
Uebergangsbereich
Zentrumperipherer Bereich

c) Funktionale Siedlungsstruktur

Um mittels der erwähnten Testgemeindemethode kantonal aufschlussreiche Resultate zum spezifischen Bodenflächenverbrauch der verschiedenen baulichen Nutzungen gewinnen zu können, musste die siedlungsfunktionale Vielfalt des Kantons in die Untersuchung einbezogen werden. Zu diesem Zweck wurden die 130 Kantonsgemeinden nach ihren siedlungsfunktionalen Eigenschaften typisiert. Da keine zuverlässigen Angaben zur realen Gebäudenutzung vorlagen - sie wären zweifellos die einschlägigste Grundlage zur Bildung kommunaler Siedlungsfunktionstypen gewesen, - musste die Typisierung anhand von andern siedlungsfunktional relevanten Merkmale vorgenommrn werden. In Abwandlung des Verfahrens von H. Linde (1953), der seine wirtschaftlichen Grundtypen (Agrar-, Misch- und Gewerbegemeinden) mit den lokalen Pendlerquoten verknüpfte, um so den funktionalen Siedlungscharakter hervorzuheben, gliederten wir die Gemeinden entsprechend dem zahlenmässigen Verhältnis der Arbeitsplätze und Haushaltungen. Erstere wurden unterschieden in landwirtschaftliche und nichtlandwirtschaftliche. Auf diese Weise wurden folgende sechs kommunalen Siedlungsfunktionstypen ausgeschieden:

Kommunaler Siedlungsfunktionstyp:	Anteil der land- bzw. nichtlandwirtschaftlichen Arbeitsplätze an der Haushaltungszahl:[17]	
	I. Sektor	II.+III. Sektor
Grundtypen		
- Landwirtschaftsgemeinde	> 30 %	< 75 %
- Gewerbe- und Industriegemeinde	< 15 %	> 125 %
- Wohngemeinde	< 15 %	< 75 %
Mischtypen		
- Landwirtschaftliche Wohngemeinde	10-30 %	< 75 %
- Landwirtschaftliche Gewerbegemeinde	≥ 15 %	≥ 75 %
- Wohn-Gewerbegemeinde	< 15 %	75-125 %

[17] Quelle: Finanz-Dep. des Kt. SO.; Betriebszählung 1985 und Kanton Solothurn in Zahlen 1985.

Abb.3: Funktionale Siedlungsstruktur im Kanton Solothurn (1985)

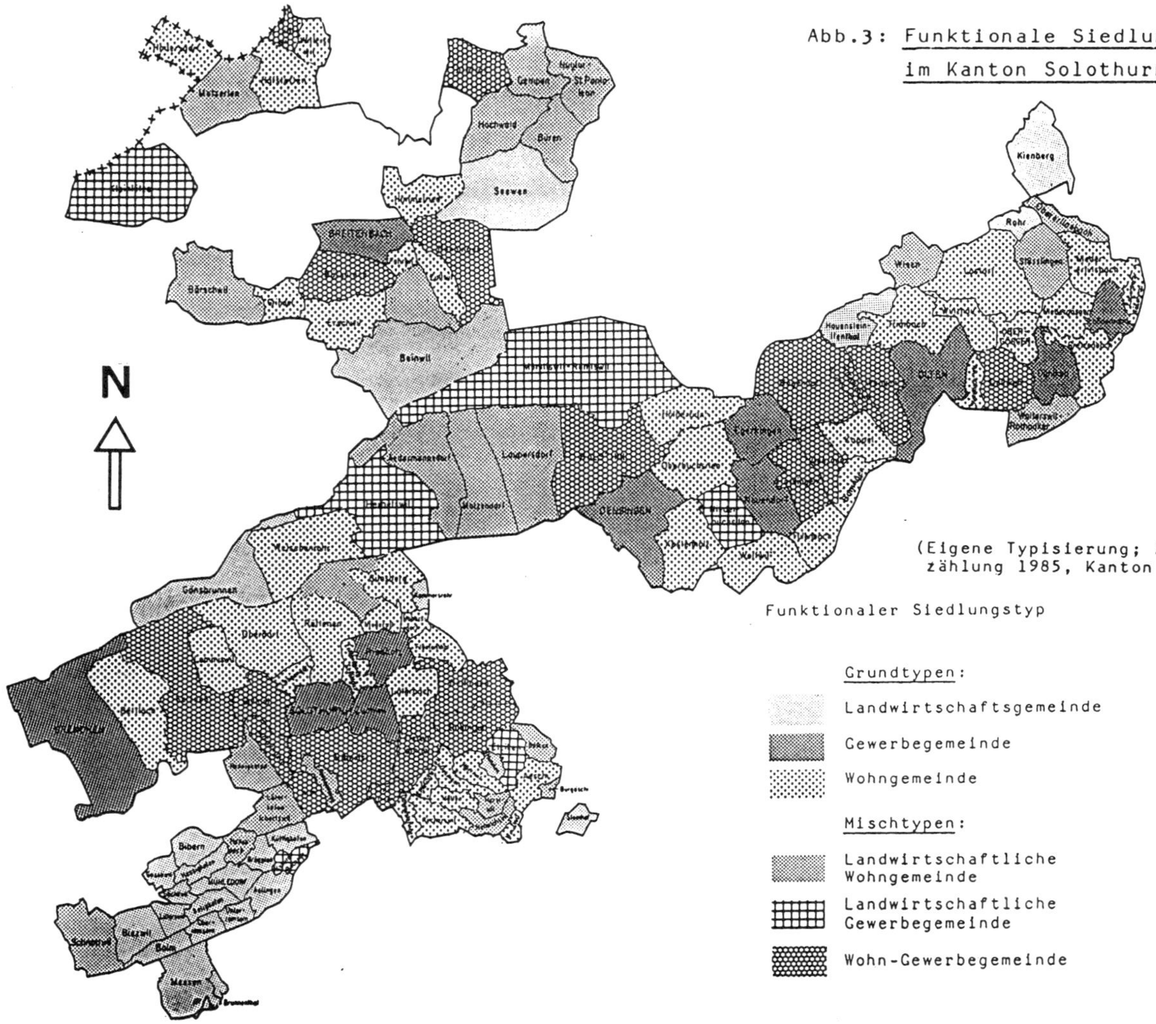

(Eigene Typisierung; Zahlengrundlage: eidg. Betriebszählung 1985, Kanton Solothurn in Zahlen 1985)

Funktionaler Siedlungstyp	Arbeitsplätze in % der Wohnplätze (Haushaltungen)	
	I. Sektor	II.+III. Sektor
Grundtypen:		
Landwirtschaftsgemeinde	> 30	< 75
Gewerbegemeinde	< 15	> 125
Wohngemeinde	< 15	< 75
Mischtypen:		
Landwirtschaftliche Wohngemeinde	15-30	< 75
Landwirtschaftliche Gewerbegemeinde	> 15	> 75
Wohn-Gewerbegemeinde	< 15	75-125

Aus Abb. 3 geht hervor, inwieweit die ausgewählten Testgemeinden die regionaltypische funktionale Siedlungsstruktur repräsentieren. Im folgenden werden die siedlungsstrukturellen Eigenschaften und die regionalen Standortmerkmale der sechs definierten Gemeindetypen kurz charakterisiert:

Landwirtschaftsgemeinden

Das siedlungsprägende Element dieser Gemeinden ist das Landwirtschaftsgebäude. Der Anteil reiner Wohnbauten ist relativ gering. Als wichtigstes Standortmerkmal kann die zentrumperiphere Lage bezeichnet werden. Am verbreitetsten ist dieser Typ im Bucheggberg. In den übrigen Regionen ist er nur vereinzelt anzutreffen.

Gewerbe- und Dienstleistungsgemeinden

Dieser kommunale Funktionstyp weist mehr Arbeitsplätze als Haushaltungen auf. Der Gruppe gehören Gemeinden mit grösseren Industrie- und Dienstleistungsbetrieben an sowie die Regionalzentren des Kantons. Mit Ausnahme der beiden Unterzentren Breitenbach und Balsthal konzentrieren sie sich entlang der Hauptverkehrsachse am Jurasüdrand (Eisenbahn, T5, N1).

Wohngemeinden

Bei den Wohngemeinden handelt es sich um extreme Wegpendlerorte. Die meisten zeichnen sich durch vorzügliche Wohnlagen (Hang) aus. Der Einfamilienhausanteil ist in diesen Siedlungen besonders hoch. Ihr hauptsächlichstes Verbreitungsgebiet ist der Agglomerationsrandbereich. Besonders häufig sind sie im Gösgeramt, im Aaregäu und im Leberberg vertreten.

Landwirtschaftlich-gewerbliche Gemeinden

Der traditionelle ländliche Siedlungscharakter ist hier trotz vereinzelt auftretender Gewerbe- und Industriebetriebe gewahrt. Während die in Agglomerationsnähe liegenden Orte seit den sechziger Jahren eine rege Neubautätigkeit verzeichnen, veränderte sich das Siedlungsbild der peripher liegenden landwirtschaftlich-gewerblichen Dörfer kaum. Dieser seltene Siedlungstyp hat kein dominantes Verbreitungsgebiet.

Landwirtschaftliche Wohngemeinden

Die Mehrheit der landwirtschaftlichen Wohngemeinden hätte vor drei Jahrzehnten noch dem Typus der Agrargemeinden zugerechnet werden müssen. Im Sog der zunehmenden privaten Motorisierung setzte anfangs der sechziger Jahre das Wohnbauwachstum ein. Neben den landwirtschaftlichen Dorfkernen begannen sich Einfamilienhausquartiere auszubreiten, die vorher in dieser Konzentration nur im Agglomerationsraum anzutreffen waren. Geradezu modellhaft vollzog sich diese Entwicklung im solothurnischen Hinterland von Basel.[18] Auch im Randbereich der Agglomerationen von Solothurn und Olten sind zu dieser, eigentlich in Wirklichkeit urbanen Siedlungsexpansion, klare Ansätze erkennbar.

Wohn-Gewerbegemeinden

Im Gegensatz zum Wohngemeindetyp ist hier das Wohnplatz-Arbeitsplatz-Verhältnis wesentlich ausgeglichener. Dies kommt in der Struktur der Siedlungen deutlich zum Ausdruck. Industrie- und Gewerbebauten sind ebenso typische Siedlungselemente wie Einfamilienhaus- und Wohnblockquartiere. Die Wohn-Gewerbegemeinde ist der zahlenmässig dominante Siedlungstyp innerhalb der Agglomerationen.

c) Einwohnergrösse der Gemeinden

Der Flächenverbrauch für Siedlungszwecke eines Gebietes wird massgeblich bestimmt durch die Einwohnerzahl desselben.[19] Diese Feststellung gilt im besonderen für ländliche Siedlungen, da dort für das Wohnen in der Regel weit mehr Bodenfläche beansprucht wird als für die übrigen baulichen Nutzungen zusammen.[20] Im weiteren stellt die Bevölkerungszahl einer Gemeinde auch eine Schlüsselgrösse dar hinsichtlich des Flächenverbrauchs für kommunale Bauten und Anlagen. Um sich ein verlässliches Bild über den totalen

---

18) Vgl. J. Rohner, In: Jahrbuch der Schweizerischen Naturforschenden Gesellschaft, wissenschaftlicher Teil, 1982.
19) Zum Stellenwert der Bevölkerung in der Raumplanung siehe M. Lendi, H. Elsasser, 1986:59 ff.
20) Der Wohnbauflächenverbrauch wird vor allem dann zum massgebenden Faktor für den gesamten baulichen Flächenverbrauch, wenn die Ausnützungsziffer unter 0,5 sinkt (Vgl. J. Maurer, In: Berichte zur ORL, 50/1984:IV) Im Kanton Solothurn gibt es nur wenig Wohngebiete mit einer höheren Ausnützungsziffer.

Bodenflächenverbrauch in den Solothurner Gemeinden machen zu können, wurde die Testgemeindewahl auf eine proportionale Vertretung der verschiedenen Gemeindegrössenklassen ausgerichtet. Gemeinden mit 5000 bis 10'000 Einwohner und solche mit mehr als 10'000 blieben unberücksichtigt; ihr Anteil an der Gesamtzahl der Kantonsgemeinden beträgt lediglich vier bzw. zwei Prozent.

Gemeindegrössenklassen (Einwohner in 1000)		Anzahl Gemeinden im Kanton[21]		Anzahl Testgemeinden	
		absolut	in %	absolut	in %
- Kleingemeinde	1	76	58	7	
- Mittelgrosse Gemeinde	1 - 3	35	27	3	
- Grossgemeinde	3 - 5	12	9	2	
- Halbstädtische Gemeinde	5 - 10	5	4	-	
- Städtische Gemeinde	10	3	2	-	
Total		130	100	12	9

Die detaillierten Erläuterungen zu den verwendeten Auswahlkriterie sollten zeigen, dass versucht wurde, eine auf die Siedlungsverhältnisse des Kantons Solothurn zugeschnittene Testgemeindewahl zu treffen. Es ist uns bewusst, dass es noch andere Einflussfaktoren gibt, welche die Art und Intensität der Bauentwicklung einer Gemeinde beeinflussen können; so zum Beispiel die kommunale Siedlungspolitik oder die Verfügbarkeit von Bauland, etc.. Aus bekannten Gründen musste jedoch auf den Einbezug solcher Faktoren verzichtet werden.

21) Quelle: Finanz-Dep. Kt. SO., Kanton Solothurn in Zahlen 1985.

1.1.3 Uebersicht der Testgemeinden

Nachstehend werden die Testgemeinden kurz charakterisiert. Das Hauptaugenmerk richtet sich dabei auf die kommunale Siedlungsstruktur und deren Einordnung in das regionale Siedlungsgefüge. Im weiteren wird auf die wirtschaftlichen und demografischen Merkmale der Untersuchungsgemeinden eingegangen. Historische Belange, wofür für die meisten Orte eine reichhaltige Literatur vorliegt, finden nur dann Erwähnung, wenn sie die bauliche Entwicklung der Gegenwart massgebend beeinflusst haben. Zur besseren Uebersicht der intraregionalen Siedlungsstrukturen werden die Testgemeinden regional zusammengefasst und in der Reihenfolge der Zentralitätsbereiche, zentrale Gemeinde - Uebergangsgemeinde - zentrumperiphere Gemeinde, vorgestellt.

a) Region Solothurn-Grenchen-Bucheggberg

Gerlafingen

- Zentrale Gemeinde
- Wohn-Gewerbegemeinde
- Einwohner (1985): 4424
- Arbeitsplätze (1985): 1394 (Anteile der Beschäftigungssektoren: I.3%/II.72%/III.25%)

Die bauliche Entwicklung Gerlafingens ist aufs engste verknüpft mit dem ansässigen Von Roll'schen Eisenwerk. P. Jäggi (1982)[22] hat in seiner geografischen Diplomarbeit die Zusammenhänge hierzu herausgearbeitet. Vom kleinen Gemeindeterritorium (187 Hektaren), das mit Ausnahme der Waldfläche (20 Hektaren) gänzlich innerhalb der Bauzone liegt, nimmt der genannte Industriebetrieb selbst ungefähr 30 Hektaren (16 %) in Anspruch. Mit der Niederlassung des Industriehauptsitzes im Jahre 1873 und der damit verbundenen Arbeitsplatzkonzentration, nahm die stürmische Wohnbauentwicklung ihren Anfang. Noch vor der Jahrhundertwende baute das Unternehmen für seine Arbeiterschaft zahlreiche Mehrfamilienhäuser, sogenannte Mietskasernen. Der bis in die Gegenwart anhaltende Wohnbaubomm brachte der Gemeinde neben zwei grossflächigen Einfamilienhausquartieren eine Vielzahl von Wohnblöcken, deren optische

---

22) Unveröffentliche Diplomarbeit, Geographisches Institut der Universität Bern, 1982.

Dominanz diesem Ort ein städtisches Gepräge verleiht. Dazu
trägt wohl auch der Umstand bei, dass in Gerlafingen ausser dem
"Sackwald" keine nennenswerten Grünflächen mehr vorhanden sind.
Die rezessive Wirtschaftsentwicklung in der zweiten Hälfte der
siebziger Jahre, welche ja bekanntlich die Eisen- und Stahlindu-
strie besonders hart getroffen hatte, brachte dem Dorf riesige
Arbeitsplatzverluste.[23] Der extreme Zupendlerort Gerlafingen wurde
dadurch selbst zum Einzugsgebiet, vorab von Biberist, Gerlafingen
und Solothurn. Der traditionelle Solothurner Industrieort wandel-
te sich damit zur heutigen Wohn-Gewerbegemeinde.

Oekingen

      - Uebergangsgemeinde
      - Wohngemeinde
      - Einwohner (1985): 598
      - Arbeitsplätze (1985): 48 (I.42%/II.15%/III.43%)

Die räumliche Nähe Oekingens zu den Industrieorten Biberist und
Gerlafingen leitete in dieser Ortschaft schon um 1900 einen Sied-
lungsfunktionswandel von der Landwirtschaft zum Wohnen ein.[24] Dies
zeigte sich anfänglich nach aussen weniger in Form neuer Wohnbauten als vielmehr in der veränderten Nutzung der einstigen Bauernhäuser als reinen Wohnbauten. Erst in den späten sechziger Jahren
begann das Dorf merklich zu wachsen, als die definitive Lauf-
führung der zu korrigierenden Oesch einmal feststand[25] und so der
erste Zonenplan (1968) erlassen werden konnte. Das ländliche Siedlungsbild Oekingens blieb jedoch bis heute unversehrt, da auf den
Bau von Wohnblöcken verzichtet wurde. Die neuen Einfamilienhäuser
fügen sich gut in die älteren baulichen Strukturen ein. Sie arron-
dieren das alte Bachzeilendorf zu einem Haufendorf und schaffen
eine bauliche Verbindung zum benachbarten Kriegstetten.

23) Gerlafingen verzeichnete 1965 3414 Beschäftigte. 1985 waren
    es noch 1485. Quelle: Eidg. Betriebszählung 1965, Heft 438 und
    Finanz-Dep. Kt. SO., Betriebszählung 1985.
24) Siehe P.Trevisan, 1985:14.
25) Das Projekt der Oeschkorrektion ist ausführlich beschrieben
    im dazugehörigen Technischen Bericht von R.Enggist, 1968.

Lüterkofen-Ichertswil

- Uebergangsgemeinde
- Landwirtschaftliche Wohngemeinde
- Einwohner (1985): 642
- Arbeitsplätze (1985): 104 (I.38%/II.32%/III.30%)

Lüterkofen-Ichertswil, seit 1965 zur Doppelgemeinde vereint, liegt im ländlichsten Bezirk des Kantons, im Bucheggberg. Das bis knapp über 600 Meter aufragende Hügelland ist abseits der kantonalen und nationalen Hauptverkehrsachsen gelegen. Dieser Umstand hat dort die Ansiedlung grösserer Industriebetriebe verhindert. So konnte sich in diesem Gebiet die Landwirtschaft behaupten wie in keiner andern Solothurner Region.[26] Gleichwohl haben die am nächsten bei der Hauptstadt liegenden Dörfer in den vergangenen 25 Jahren erhebliche formale und funktionale Siedlungsveränderungen erfahren. Um die gepflegten, alten Haufen- und Strassendörfer mit ihren behäbigen Berner Bauernhäusern begannen sich Einfamilienhausüberbauungen auszubreiten. Ihre Bewohner, vorwiegend Zuzüger aus der Agglomeration Solothurn,[27] pendeln grösstenteils in die Kantonshauptstadt zur Arbeit. Der funktionale Siedlungswandel von Lüterkofen-Ichertswil von der Landwirtschaftsgemeinde zur landwirtschaftlichen Wohngemeinde wurde nicht etwa durch Strukturveränderungen in der Landwirtschaft verursacht, sondern er resultiert primär aus der Expansion der Stadt Solothurn in ihr grünes Hinterland.

Oberramsern

- Zentrumperiphere Gemeinde
- Landwirtschaftsgemeinde
- Einwohner (1985): 101
- Arbeitsplätze (1985): 33 (I.58%/II.9%/III.23%/

Im Gegensatz zu Lüterkofen-Ichertswil ist Oberramsern ein intaktes Kleinbauerndorf, wie sie im Bucheggberg noch typisch sind,

26) Vgl. U.Wiesli, 1972:36f.
27) Nach Aussage von W.Sterchi, Ammann von Lüterkofen-Ichertswil.

geblieben. Diese Tatsache ist primär auf die extreme Randlage
der Testgemeinde zurückzuführen. Durch die Molasseerhebung getrennt
vom Aaretal, befindet sich die Strassensiedlung ausserhalb
des städtischen Einflussbereichs von Grenchen und Solothurn.
Die wenigen lokalen und regionalen Arbeitsplätze im sekundären
und tertiären Sektor vermögen der Siedlungsentwicklung Oberramserns
kaum Impulse zu verleihen. Seit 1960 entstanden in diesem
Dorf nur gerade vier Einfamilienhäuser. Es ist deshalb nicht erstaunlich,
dass hier die Bevölkerungszahl, wie in 13 andern
Bucheggberger Gemeinden, eine sinkende Tendenz aufweist.
Die Erhaltung des Bucheggberges als fruchtbares Agrargebiet ist
jedoch nicht alleine auf dessen Abseitslage zurückzuführen. Sie
wird auch durch planerische Mittel unterstützt. Im Kantonalen
Richtplan (1982) ist das Hügelland als Juraschutzzone[28] und die
angrenzende Limpach-Ebene als Landwirtschaftszone ausgeschieden.
Die Bauzonen sind hier mehrheitlich deutlich kleiner bemessen
als in den übrigen Regionen des Kantons.

b) Region Olten

Dulliken

- Zentrale Gemeinde
- Wohn-Gewerbegemeinde
- Einwohner (1985): 4479
- Arbeitsplätze (1985): 1228 (I.3%/II.46%/III.51%)

Durch den Eisenbahnknotenpunkt Olten und das Autobahnkreuz N1/N2
kommt der Region Olten eine besondere Siedlungsattraktivität zu.[29]
Mit zunehmender Raumnot in der Eisenbahnerstadt in der ersten
Hälfte dieses Jahrhunderts breiteten sich die Fabriken und Wohnbauten
immer mehr auf die städtischen Vororte aus.[30] In Dulliken
begann dieser Suburbanisierungsprozess in den dreissiger Jahren
mit der Niederlassung von zwei mittelgrossen Industriebetrieben.

---

28) Die im Jahre 1942 erlassene Juraschutzzone wurde 1962 u.a.
    auf den Bucheggberg erweitert (Vgl. K.Neesei,1971:30).
29) Das Leitbild 86 des Kt. Solothurns sieht eine verstärkte Ausnützung
    der Standortgunst Oltens vor.
30) Vgl. U.Wiesli, 1979:46.

("Schuh Hug","Radiatorenwerk Ideal-Standard"). Im Jahre 1965 zählte man in der Gemeinde bereits 14 Fabriken mit 1117 Angestellten. Bis 1985 vergrösserte sich die Betriebszahl auf 41, während die Beschäftigtenzahl auf 571 sank. Die Schliessung der beiden namentlich erwähnten Arbeitsstätten anfangs der siebziger Jahre brachte der Gemeinde einen Verlust von rund 800 Arbeitsstellen. Der Beginn der intensiven Wohnbautätigkeit war in den fünfziger Jahren. Trotz der lokalen Arbeitsplatzverluste hielt diese bis in die Gegenwart an. Die weite Niederterrassenebene ist heute grösstenteils mit Wohnblöcken und die Molassehänge am Fusse des Engelberges mit Einfamilienhäusern überbaut. Dulliken verzeichnete in der Zeit zwischen 1960 bis 1985 den fünftgrössten Einwohnerzuwachs von sämtlichen Kantonsgemeinden. Aus dem Industriedorf von 1960, das damals noch einen beträchtlichen Einpendlerüberschuss aufwies, ist eine halbstädtische Wohn-Gewerbegemeinde geworden.

Lostorf

- Uebergangsgemeinde
- Wohngemeinde
- Einwohner (1985): 2623
- Arbeitsplätze (1985): 466   (I.12%/II.33%/III.55%)

Der nördlich der Aare liegende Teil des Niederamtes, das Gösgeramt, hat sich innerhalb der letzten zwei Jahrzehnte zu einem bevorzugten Wohngebiet entwickelt. Die räumlichen Voraussetzungen sind hier dazu ausgesprochen günstig. Die linke Aaretalseite, die zwischen Winznau und Niedergösgen sanft gegen den Jura ansteigt, bietet sich als attraktive Wohnlage an. Dazu kommt, dass sich hier, abseits der Hauptverkehrslinien des Niederamtes, die Industrie nur spärlich ansiedeln konnte. Im weiteren liegen mit Olten und Aarau zwei bedeutende Wirtschaftszentren in nächster Nähe. In Lostorf setzte anfangs der sechziger Jahre eine rapide Siedlungsausdehnung ein. Um das alte Bachzeilendorf entstand ein breiter Einfamilienhaus- und Villengürtel, der sich später auf den relativ steilen Jurahang und die vorgelagerten Juraschuppen auszudehnen begann. In neuester Zeit hat der Einfamilienhausbau auch auf den Weiler "Mahren" übergegriffen. Wohnblöcke gibt es in Lostorf nur wenige. Sie vermögen das Bild der typischen Einfamilienhausgemeinde kaum zu beeinflussen. Die Testgemeinde besitzt mit dem Weiler "Bad" noch eine zweite Aussiedlung. Hier befindet sich das Thermalbad Lostorf.

Egerkingen

- Uebergangsgemeinde
- Industrie-Gewebegemeinde
- Einwohner (1985): 2087
- Arbeitsplätze (1985): 1111   (I.2%/II.34%/III.64%)

Mit dem definitiven Beschluss zum Bau der Autobahnverzweigung N1/N2 im Gäu (1962) wurde in der Dünnernebene zwischen Oensingen und Wangen ein tiefgreifender Landschaftswandel eingeleitet, der sich nach Eröffnung der N1 (1967) und N2 (1970) noch verstärkte.[31] Innerhalb von 25 Jahren wurde die fruchtbare Agrarlandschaft zu einem Gewerbe- und Industriegebiet umfunktioniert. Die baulichen Auswirkungen auf die einzelnen Gäuer Gemeinden waren dabei recht unterschiedlich. Diesem Umstand wurde bei der Bestimmung der Testgemeinden mit der Wahl von Egerkingen und Niederbuchsiten Rechnung getragen.

Das Siedlungsbild Egerkingens hat sich seit Anfang der sechziger Jahre komplett verändert. Die damalige Einfamilienhausgemeinde am Jurasüdfuss verlegte ihren Wachstumsschwerpunkt in die Dünnernebene hinaus. Entlang der Nationalstrasse und der Eisenbahnlinie entstanden rund ein Duzend Gewerbebauten. Dabei handelt es sich vor allem um Lager- und Verteilbetriebe, die zum Teil riesige Ausmasse aufweisen. In der Folge nahm die Zahl der Arbeitsplätze von 304 im Jahre 1960 auf 1111 im Jahre 1985 zu. Mit 705 Zupendlern und nur 523 Wegpendlern im Jahre 1980 gegenüber 56 zuziehenden und 319 wegziehenden Arbeitstätigen im Jahre 1960 ist aus der Wohngemeinde eine Arbeitsgemeinde geworden. Die Arbeitsplatzkonzentration zeigte auch Folgen beim Wohnungsbau. Während sich die Einfamilienhaussiedlungen am Hang ausdehnten und verdichteten, entstanden in der Ebene von 1966 bis 1985 insgesamt 24 Wohnblöcke.

31) Vgl. P.Gasche, 1978; Ch.Pfister, 1977; H. Elsasser, 1971.

Niederbuchsiten

- Zentrumperiphere Gemeinde
- Landwirtschaftlich-gewerbliche Gemeinde
- Einwohner (1985): 715
- Arbeitsplätze (1985): 424 (I.13%/II.82%/III.5%)

Im Unterschied zu Egerkingen und den meiste Dörfern im Mittel- und Berggäu ist Niederbuchsiten in den vergangen 25 Jahren von siedlungsstrukturellen Umwälzungen verschont geblieben. Das landwirtschaftliche Element ist hier noch stärker vertreten als anderswo in der Region.[32] Wie schon der im Jahre 1932 angesiedelte mittelgrosse Industriebetrieb ("Elektroapparatebau Jura") hat auch die neu gebaute Autobahn dieser Gemeinde keine nennenswerten Siedlungsentwicklungs-Impulse verleihen können. Es wäre aber falsch, diese schwache Bautätigkeit nur der peripheren Lage des Dorfes innerhalb der Region Olten zuzuschschreiben. Dagegen spricht eindeutig der gleichzeitige grosse Siedlungszuwachs in der nicht wesentlich zentraler gelegenen Nachbargemeinde Neuendorf. Der entscheidende Grund dafür liegt vielmehr in der Verteilung des Grundbesitzes.[33] Die meisten unüberbauten Grundstücke innerhalb der Bauzone gehören ortsansässigen Bauern, die gewillt sind, ihr Land als landwirtschaftliche Produktionsfläche zu erhalten.[34]

c) Region Thal

Aedermannsdorf

- Zentrumperiphere Gemeinde
- Landwirtschaftliche Wohngemeinde
- Einwohner (1985): 474
- Arbeitsplätze (1985): 132 (I.26%/II.58%/III.16%)

Durch die Krise in der Metall- und Uhrenindustrie erlitt die Region Thal zwischen 1970 und 1985 einen massiven wirtschaftlichen

32) Dies ist umso erstaunlicher, da Niederbuchsiten den höchsten Industriebesatz (Industriebeschäftigte pro 100 Einwohner) aller Kantonsgemeinden aufweist.
33) Vgl. dazu die Grundbesitzkartierung nach Sozialgruppen von W.Gallusser (1970:93)
34) Gemäss mündlicher Auskunft von K.Zeltner, Ammann von Niederbuchsiten.

Einbruch. Der Region gingen in dieser Zeitspanne 2350 (34%) Arbeitsplätze verloren. Damit verbunden war ein gleichzeitiger Bevölkerungsrückgang von 856 (6%) Personen. Für die verkehrsfeindlich liegende innerjurassische Region ist dieser wirtschaftliche und demografische Substanzverlust umso gravierender, da hier die Chancen zur Ansiedlung neuer Arbeitsplätze ohnehin stark komprimiert sind. Die relativ bescheidenen Erfolge der kantonalen und regionalen Wirtschaftsförderung der letzten Jahre zeigen dies deutlich. Aedermannsdorf reflektiert die beschriebene gesamtregionale Entwicklung. Die Testgemeinde büsste in den besagten 15 Jahren 78 (37%) Arbeitsplätze und 51 (10%) Einwohner ein. Dennoch verzeichnete das Dorf in dieser Zeit einen beträchtlichen Zuwachs von Einfamilienhäusern. Die Veränderung der Siedlungsfunktion von der landwirtschaftlich-gewerblichen Gemeinde von 1960 zur landwirtschaftlichen Wohngemeinde von 1985 liegt jedoch nur zum Teil in den neu erstellten Einfamilienhäusern begründet; ebenso entscheidend dafür waren die Arbeitsplatzverluste, welche Aedermannsdorf hatte in Kauf nehmen müssen.

d) Region Dorneck-Thierstein

Witterswil

- Zentrale Gemeinde
- Wohngemeinde
- Einwohner (1985): 1110
- Arbeitsplätze (1985): (I.13%/II.9%/III.78%)

Die Gemeinden des Bezirks Dorneck sind in den letzten 25 Jahren immer ausgeprägtere Wohngemeinden einer nach Basel und im Falle Büren und Nuglar-St. Pantaleon nach Liestal orientierten Bevölkerung geworden. Einzig in der Landwirtschaftsgemeinde Seewen spielt die Wohnfunktion noch eine untergeordnete Rolle. Witterswil liegt im äusseren, noch ländlichen Gürtel der Stadtregion Basel, wo sich der urbane Siedlungsdruck der Rheinstadt besonders stark manifestiert.[35] Die Voraussetzungen des Dorfes zur rurbanen Entwicklung können geradezu als ideal bezeichnet werden. Mit der Birsigtalbahn

---

35) Vgl. dazu von L.Lötscher, M.Jenzer (1981): Wegzug aus Basel - Antwort auf die Wohnsituation ?

besitzt die Gemeinde eine sehr gute öffentliche Verbindung nach
Basel. Im weiteren ist die Wohnlage am Fusse der Landskronanti-
klinale aus landschaftlicher und klimatischer Sicht ausgezeichnet.
Die stürmische Entwicklung beim Einfamilienhausbau führte in Witterswil innerhalb der kurzen Zeit von 1960 bis 1985 zu einer Ver-
vierfachung der Siedlungsfläche. Die Einwohnerzahl stieg von 347
auf 1110 Personen. Von den 414 wohnhaften Berufstätigen im Jahr
1980 waren 339 (82%) Wegpendler. Davon arbeiteten 215 (63%) in
Basel. Damit wird der funktionale Charakter Witterswils als Wohngemeinde von Basel klar unterstrichen.

Hochwald

- Uebergangsgemeinde
- Landwirtschaftliche Wohngemeinde
- Einwohner (1985): 803
- Arbeitsplätze (1985) 129 (I.37%/II.32%/III.31%)

Die Dörfer des Gempenplateaus haben sich trotz ungünstiger Verkehrslage - sie liegen zum Teil mehr als 300 Meter über den Tal-
ebenen der Birs und Ergolz - seit den sechziger Jahren zu eigentlichen Wohnexklaven des Basler Wirtschaftszentrums und der Stadt
Liestal entwickelt. Hochwald wurde bereits in den späten fünfziger Jahren vom Einfamilienhausbau erfasst. Die ersten Neubauten
entstanden etwas abseits des alten Dorfkerns, auf dem Nättenberg.
In der Folge wurde die ganze Anhöhe in ungeordneter, flächeninten-
siver Bauweise mit Villen, Einfamilien- und Wochenendhäusern be-
siedelt. Der bauliche Zusammenhang zwischen dem neuen Wohnquartier
und dem alten Bauerndorf wurde erst in den siebziger Jahren durch
die Einzonung und Erschliessung des dazwischenliegenden Hanges
hergestellt. Dadurch kam die Gemeinde zu einer überaus grossen
Einfamilienhauszone, deren Fläche insgesamt rund fünfmal grösser
ist als diejenige des alten Tafeljuradorfes. Sie war 1983 bereits
zur Hälfte überbaut. Die Einfamilienhausbesitzer sind zum überwiegenden Teil Zuzüger aus der Agglomeration Basel. Ihr wichtig-
ster Arbeits- und Versorgungsort ist die Kernstadt.[36]

36) Als wichtigste Motive zur Wohnsitznahme städtischer Bevölke-
    rungsschichten in Hochwald nannte W. Graf, Ammann dieser Ge-
    meinde, an erster Stelle die günstigeren Landpreise, an zwei-
    ter Stelle die schöne, nebelarme Wohnlage.

Erschwil

- Zentrumperiphere Gemeinde
- Wohngemeinde
- Einwohner (1985): 815
- Arbeitsplätze (1985): 163   (I.20%/II.59%/III.21%)

Auch die Dörfer des Bezirks Thierstein sind in der Mehrzahl Wegpendlergemeinden. Ihre berufstätige Bevölkerung ist vorwiegend auf den Bezirkshauptort Breitenbach und in zweiter Linie auf das bernische Städtchen Laufen ausgerichtet. Nur Himmelried kann aufgrund des starken Pendlerstromes nach Basel zum Wohnumland dieser Stadt gerechnet werden. Der Siedlungswandel der sechziger, siebziger und achziger Jahre war auch in den Thiersteiner-Gemeinden gekennzeichnet durch die Einfamilienhaus-Bautätigkeit. Diese war jedoch, mit Ausnahme jener Himmelrieds, deutlich schwächer ausgefallen als in den Dornecker Gemeinden. In Erschwil entstanden zwischen 1960 und 1985 im ganzen 59 Einfamilienhäuser. Mit den übrigen nennenswerten Neubauten - ein Mehrfamilienhaus, ein Kleinindustriebetrieb und die Mehrzweckhalle, vergrösserte sich die überbaute Fläche dadurch um rund fünfzig Prozent. Entgegen diesem beträchtlichen Siedlungszuwachs blieb die Einwohnerzahl praktisch konstant, weil sich die Wohndichte in der Kernzone gleichzeitig um ungefähr vierzig Prozent verringerte. Gleichwohl verstärkte sich die Wohnfunktion Erschwils, da die Zahl der Haushaltungen von 1960 bis 1985 stärker zunahm (+61) als jene der Arbeitsplätze (+51).

Die vorgestellten Testgemeinden vermitteln uns einen umfassenden Ueberblick über die regionalen und teilregionalen Siedlungsentwicklungstendenzen der sechziger, siebziger und der ersten Hälfte der achziger Jahre im Kanton Solothurn. Wir sind uns bewusst, dass es unter den restlichen, nicht untersuchten Gemeinden Beispiele gibt, deren Entwicklung nicht identisch verlief mit der regionaltypischen und damit in dieser Studie nicht repräsentiert werden. Aufgrund unserer Zielsetzungen kann diese Tatsache jedoch in Kauf genommen werden.

1.2 Zeitlicher Rahmen der Untersuchung

Die zeitlichen Grenzen der Studie sind auf den Anfang und den aktuellen Stand der Zonenplanung in den Solothurner Gemeinden abgestimmt. Die Mehrzahl der 130 Kantonsgemeinden hatte in den sechziger Jahren ihren ersten Zonenplan erlassen und anfangs der achziger Jahre ihre letzte Zonenplanrevision durchgeführt.[37] Die erste kommunale Siedlungsflächenbilanz wurde deshalb für das Jahr 1960 erstellt; die zeitlich aktuellste entspricht den Nachführungsdaten der neuesten verfügbaren Gemeindeübersichtspläne der frühen achziger Jahre. Durch den Einbezug der Wohnbaustatistik des BIGA von 1985 und der eidgenössichen Betriebszählungsresultate gleichen Datums konnte die Bautätigkeit sämtlicher Testgemeinden bis zum Jahre 1985 erfasst werden. Unsere Betrachtungen erstrecken sich somit auf einen Zeitraum von 25 Jahren.

Uebersicht zur Plandatierung

Testgemeinde:	Jahr des ersten Zonenplanerlasses:	Nachführungsjahr der benützten Gemeindeübersichtspläne:
Gerlafingen	1959	1982
Oekingen	1968	1983
Lüterkofen-Ichertswil	1963	1982
Oberramsern	-	1982
Dulliken	1956	1982
Lostorf	1962	1983
Egerkingen	1968	1981
Niederbuchsiten	1965	1980
Aedermannsdorf	1971	1982
Witterswil	1964	1983
Hochwald	1963/1976[38]	1983
Erschwil	1962	1983

In keiner andern Zeit war der Siedlungswandel im Kanton Solothurn so umfassend und intensiv verlaufen wie innerhalb des untersuchten Zeitabschnitts. Die grundlegendsten Veränderungen sind im folgenden in drei Punkten zusammengefasst:

37) Quelle: Plankartei des kantonalen Raumplanungsamtes Solothurn.
38) 1963: Teil der Gemeinde(Nättenberg)/1976: ganze Gemeinde.

- Das Siedlungswachstum im Kanton Solothurn, das sich bis Mitte der fünfziger Jahre im wesentlichen auf die Agglomerationen Solothurn, Grenchen und Olten und die Gemeinden entlang der Bahnlinien konzentriert hatte, breitete sich im Zuge des sich steigernden Motorisierungsgrades flächenmässig auf die dezentral liegenden Landgemeinden aus. Am meisten davon betroffen wurden die Dörfer der Bezirke Dorneck und Thierstein sowie jene des Leberberges und Gösgeramtes.

- Der Autobahnbau setzte im Gäu völlig neue Siedlungsakzente. Die Teilregion entwickelte sich zu einem neuen wirtschaftlichen und demografischen Wachstumspol zwischen den beiden traditionellen Zentren Solothurn und Olten. Dadurch ist leider auch die letzte grössere Siedlungslücke zwischen den beiden Städten geschlossen worden.

- Krisen in der Stahl-, Uhren- und Schuhindustrie brachten den Regionen Grenchen und Thal sowie den Gemeinden Gerlafingen, Dulliken und Schönenwerd grosse Arbeitsplatzverluste.[39] Dadurch verstärkte sich die ohnehin schon ausgeprägte wirtschaftliche Zentralisierung im Kanton.

---

39) Vgl. Koordinationsplan Kt. SO., 1984:13.

2. KOMMUNALE SIEDLUNGSFLÄCHENANALYSE

2.1 Zonenplan als Raster der Siedlungsflächenanalyse

Um die reale kommunale Siedlungsflächenentwicklung im Blickwinkel der Nutzungsplanung untersuchen zu können, wurde die Flächenerhebung auf der Grundlage des Zonenplanes durchgeführt. Dabei wurde grundsätzlich unterschieden zwischen dem baulichen Flächenverbrauch innerhalb der Bauzone, untergliedert in Zonenarten, und demjenigen ausserhalb der Bauzone.

2.1.1 Flächenerhebung innerhalb der Bauzone

a) Betrachteter Planungsstand

Die Bauzonenanalyse bezieht sich auf den Stand der Zonenpläne von 1984. Zu jenem Zeitpunkt hatten, mit Ausnahme von Dulliken, alle Testgemeinden ihre Bauzonenfläche auf die im kantonalen Richtplan (1982) festgesetzte Rahmengrösse abgestimmt. Danach darf die ausgeschiedene Bauzone höchstens das doppelte Fassungsvermögen der gegenwärtigen Einwohnerzahl aufweisen. Dulliken besass zur Zeit unserer Erhebungen eine deutlich grössere Fläche.

b) Unterschiedene Zonenarten

Die Flächenerhebung innerhalb der Bauzone wurde grundsätzlich auf der Grundlage der realen Bauzonenordnung der einzelnen Gemeinden vorgenommen. Um die gemeidespezifisch untergliederten Bauzonen untereinander vergleichen zu können, mussten die zum Teil sehr subtilen Zonengliederungen einzelner Testgemeinden generalisiert werden. Dazu wurden die nutzungsähnlichsten Zonen untereinander zusammengefasst. In den Testgemeinden wurden dadurch maximal folgende fünf Zonenarten unterschieden:

- Einfamilienhaus-Zone (EFH-Z)
- Mehrfamilienhaus-Zone (MFH-Z)
- Kern-Zone (Kern-Z)
- Industrie-Gewerbe-Zone (IG-Z)
- Oeffentliche Bauzone (OeBa-Z)

c) Differenzierte Bauflächenkategorien innerhalb der
   Zonenarten

Die baulich genutzte Fläche innerhalb der einzelnen Zonenarten wurde in zwei Kategorien aufgeteilt:

1. Flächen der Bauten und Anlagen

Die Fläche der Bauten und Anlagen umfasst die mit privaten und öffentlichen Gebäuden und Anlagen genutzten Parzellenflächen. Sie wird untergliedert in zonengerecht genutzte und zonenfremd genutzte Flächen. Als zonengerecht überbaute Flächen wurden diejenigen bezeichnet, deren bauliche Nutzung mit der zonenartspezifischen Hauptnutzung übereinstimmt. Als zonenartfremd genutzte Flächen wurden jene Parzellen ausgeschieden, deren Nutzung nicht mit der zonenartspezifischen Hauptnutzung übereinstimmt.

2. Verkehrsflächen

Die Verkehrsfläche setzt sich aus den öffentlichen und privaten Srassen zusammen. Ebenfalls gehören die öffentlichen Parkierflächen dazu, welche ausserhalb der OeBa-Z liegen. Die privaten Parkierflächen sowie die öffentlichen, welche innerhalb der OeBa-Z liegen, wurden zur Bauflächenkategorie der Bauten und Anlagen gezählt. Die Strassenfläche wurde getrennt nach der Netzfunktion der einzelnen Srassen erfasst. Dabei wurden folgende drei Strassentypen unterschieden:

- Hauptverkehrsstrasse   (HVS)
- Sammelstrasse   (SS)
- Erschliessungsstrasse   (ES)

2.1.2 Bauflächenanalyse ausserhalb der Bauzone

Auch ausserhalb der Bauzone wurden die Flächen der Bauten und Anlagen und die Verkehrsfläche getrennt betrachtet.

1) Flächen der Bauten und Anlagen

Die durch Bauten und Anlagen genutzten Parzellenflächen im Nichtsiedlungsgebiet differenzierten wir entsprechend dem realen baulichen Nutzungszweck in fünf Kategorien:

- Flächen der Landwirtschaftsbauten
- Flächen der Wohnbauten
- Flächen der öffentlichen Bauten und Anlagen
- Flächen der Industrie- und Gewerbebauten
- Flächen für übrige private Bauten[40]

2) Verkehrsflächen

Die Verkehrsfläche umfasst alle Stassen und Bahnflächen des Nichtsiedlungsgebietes. Die Strassenfläche wird ebenfalls nach der Netzfunktion der Einzelstrassen unterschieden. Insgesamt wurden ausserhalb der Bauzone fünf Verkehrsflächengruppen ausgeschieden:

- Bahnflächen
- Autobahnflächen
- Flächen der Haupt- und Ortsverbindungsstrassen
- Flächen der Flurstrassen[41]
- Flächen der Waldstrassen[42]

40) Zu den übrigen privaten Bauten wurden Club-, Ferien- und Wochenendhäuser gezählt.

41+42) Zu den Flur- und Waldstrassen wurden nur diejenigen Strassen mit einem Hart- oder Naturbelag gerechnet. Feld- und Waldwege wurden nicht erhoben.

Schematische Uebersicht über die analysierten Flächenkategorien

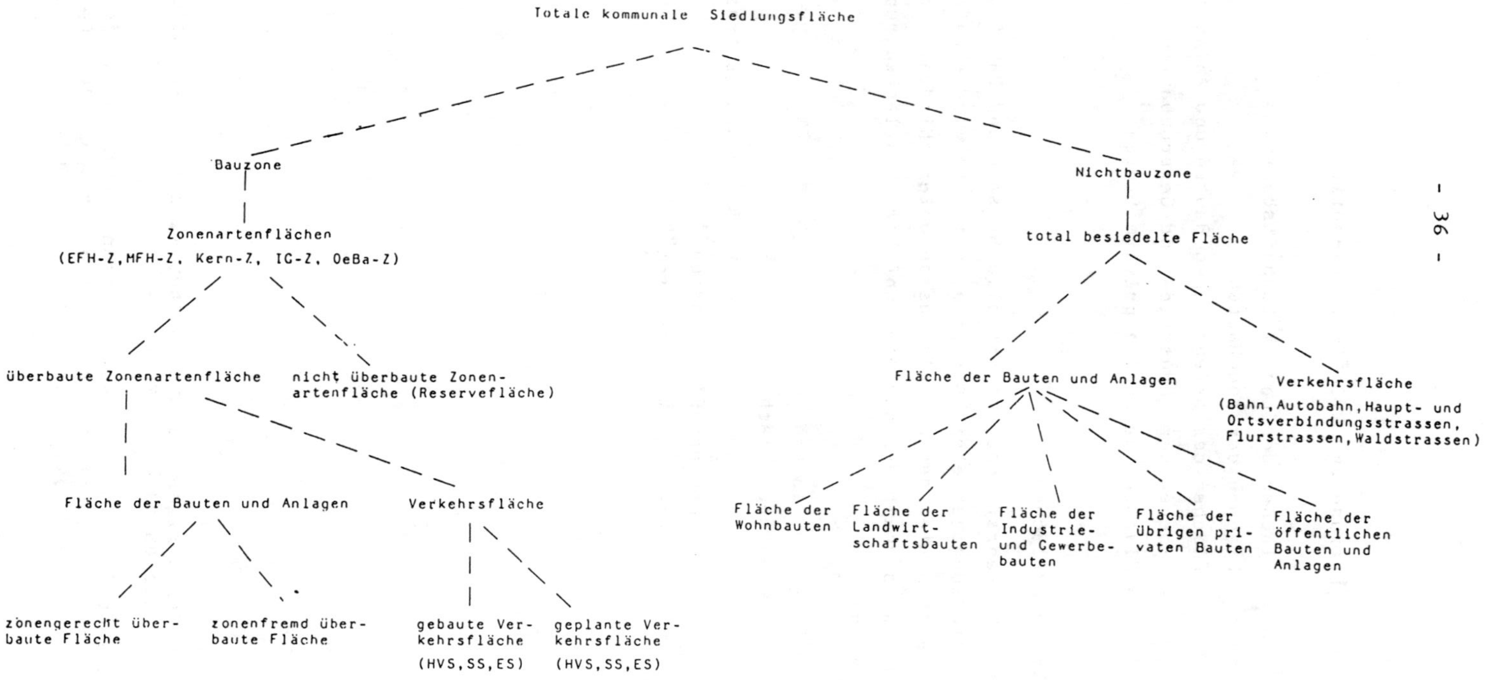

Totale kommunale Siedlungsfläche
├── Bauzone
│   └── Zonenartenflächen (EFH-Z, MFH-Z, Kern-Z, IG-Z, OeBa-Z)
│   ├── überbaute Zonenartenfläche
│   │   ├── Fläche der Bauten und Anlagen
│   │   │   ├── zonengerecht überbaute Fläche
│   │   │   └── zonenfremd überbaute Fläche
│   │   └── Verkehrsfläche
│   │   ├── gebaute Verkehrsfläche (HVS, SS, ES)
│   │   └── geplante Verkehrsfläche (HVS, SS, ES)
│   └── nicht überbaute Zonenartenfläche (Reservefläche)
└── Nichtbauzone
    └── total besiedelte Fläche
        ├── Verkehrsfläche (Bahn, Autobahn, Haupt- und Ortsverbindungsstrassen, Flurstrassen, Waldstrassen)
        └── Fläche der Bauten und Anlagen
            ├── Fläche der Wohnbauten
            ├── Fläche der Landwirtschaftsbauten
            ├── Fläche der Industrie- und Gewerbebauten
            ├── Fläche der übrigen privaten Bauten und Anlagen
            └── Fläche der öffentlichen Bauten und Anlagen

2.2 Detaillierte Methodik und benützte Grundlagen bei der Flächenerhebung

Die Flächenbilanzen sämtlicher Flächenkategorien wurden ausschliesslich aufgrund von Basisdaten erstellt. Bei den Parzellenflächen konnte auf die Werte der Grundbuchvermessung zurückgegriffen werden. Die Flächen der Bauzonen und Zonenarten wurden mangels Zahlengrundlagen aus den Zonenplänen (Massstab 1:2000) planimetriert.

2.2.1 Erhebung der Bauzonen- und Zonenartenflächen

Als Grundlage zur Erhebung dieser Flächen diente der aktuelle Stand der Zonenpläne des Jahres 1984. Bei denjenigen Gemeinden, wo zur Zeit der Erhebungen gerade eine Zonenplanrevision im Gange war, wurde der neue Planentwurf analysiert, falls dieser von der kantonalen Planungsstelle zumindest vorgeprüft war. Allfällige Plankorrekturen seitens der kantonalen Prüfungsstelle wurden bei der Flächenanalyse bereits einbezogen. Probleme bei der Flächenerhebung ergaben sich dort, wo die Bauzonengrenzen entlang von Strassen verlaufen. In den Zonenplänen war nicht eindeutig erkennbar, ob die Strassen an der Bauzonengrenze jeweils der Bauzone oder dem Nichtsiedlungsgebiet zugerechnet werden müssen. Zur klaren Abgrenzung wurde folgende differenzierte Lösung getroffen:

Fall 1: Strassen mit Erschliessungsfunktion gegenüber der angrenzenden Bauzone

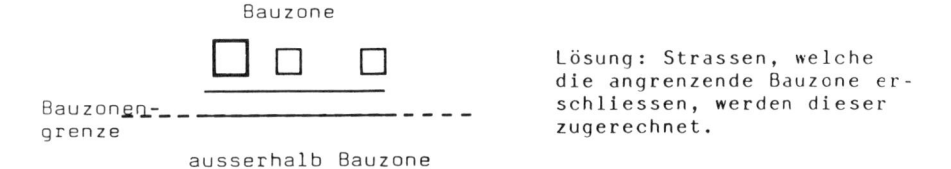

Lösung: Strassen, welche die angrenzende Bauzone erschliessen, werden dieser zugerechnet.

Fall 2: Strassen ohne Erschliessungsfunktion gegenüber der angrenzenden Bauzone

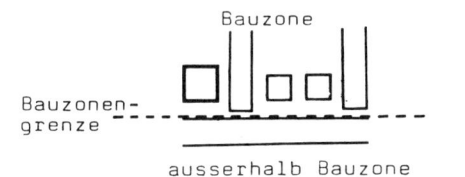

Lösung: Strassen ohne Erschliessungsfunktion gegenüber der angrenzenden Bauzone werden dem Nichtsiedlungsgebiet zugeschlagen.

Aehnliche Schwierigkeiten boten sich bei der Abgrenzung der einzelnen Zonenarten. Auch hier wurden zwei verschiedene Lösungen getroffen:

Fall 1:   Strasse erschliesst beide angrenzenden Zonenarten

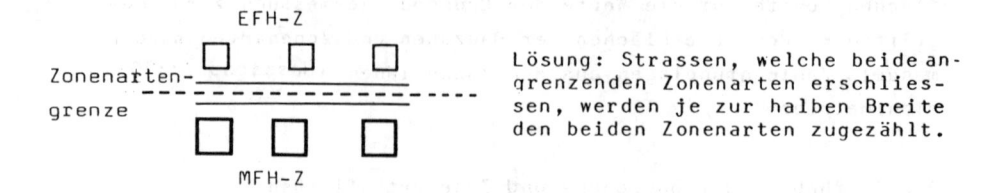

Lösung: Strassen, welche beide angrenzenden Zonenarten erschliessen, werden je zur halben Breite den beiden Zonenarten zugezählt.

Fall 2:   Strasse erschliesst nur eine angrenzende Zonenart

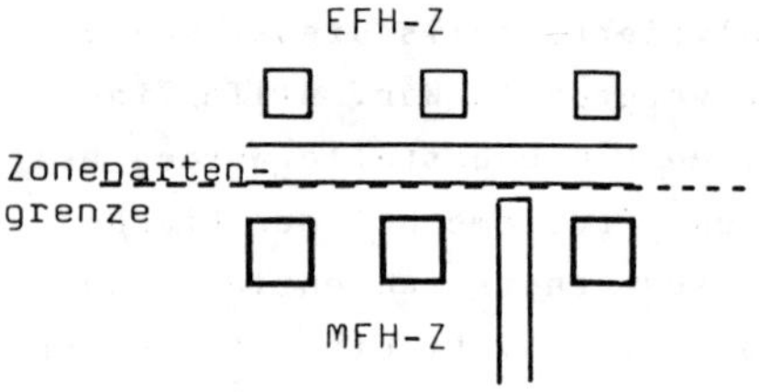

Lösung: Strassen, welche nur eine angrenzende Zonenart erschliessen, werden dieser in ganzer Breite zugerechnet.

2.2.2 Erfassung der Flächen von Bauten und Anlagen

Der Flächenverbrauch der Bauten und Anlagen wurde durch Addition der baulich genutzten Grundstücke und Grundstückteile berechnet. Die Flächenwerte der überbauten Parzellen wurden der Kartei der Solothurnischen Katasterschätzung entnommen. Diese hält für diejenigen Parzellen, von denen nur eine Teilfläche baulich genutzt wird, differenziert fest, welcher Flächenanteil des Grundstücks als überbaut bzw. als nicht überbaut zu betrachten ist. Bei der Katasterschätzung gilt ein Grundstück als nicht voll überbaut, wenn von diesem eine Teilfläche abgetrennt und überbaut werden könnte, ohne dass der Wert der bestehenden Ueberbauung beeinträchtigt würde.[43] Der Umstand, dass Parzellen mit Bauernhäusern

---

43) Siehe Verordnung betreffend Ueberprüfung der allgemeinen Revision der Katasterschätzung des Kantons Solothurn, 14. Juli 1978:§ 29+30.

bei der Katasterschätzung nicht unterschieden werden in einen
überbauten, bzw. nicht überbauten Flächenanteil, erforderte eine
eigene Abgrenzung des baulich genutzten Grundstückanteils. Dabei
wurde der Gebäudeumschwung so bemessen, dass die Bauten jeweils
noch mit Landwirtschaftsfahrzeugen umfahren werden können.

Abgrenzung des baulich ausgenützten Grundstückflächenanteils
bei Parzellen mit Landwirtschaftsbauten:

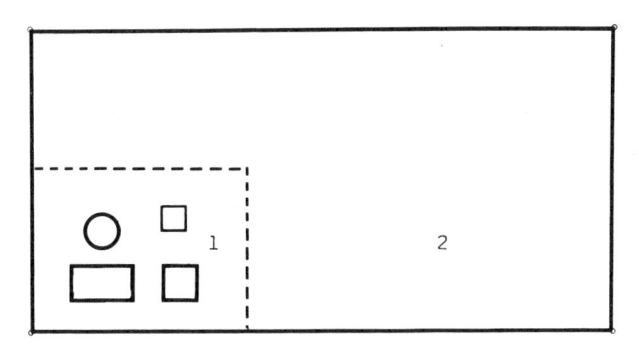

1 überbauter Parzellenanteil
2 nicht überbauter Parzellenanteil

2.2.3 Verkehrsflächenerhebung

Da keine exakten statistischen Grundlagen über die Verkehrsfläche existieren, musste diese aus Plänen (Gemeindeübersichtspläne, Katasterpläne, Strassen- und Baulinienpläne, Mutationspläne des Grundbuchs) und aus der Landeskarte 1:25000 herausgemessen werden.

a) Berechnung der Verkehrsfläche

Die Flächen der linienförmigen Verkehrsanlagen (Strassen, Geleiseanlagen) wurden durch Multiplikation ihrer Längen und Breiten bestimmt. Grossflächige Verkehrsanlagen (z.B. Strassenverzweigungen, Bahnhofareale, Parkierflächen) wurden planimetriert. Ein Vergleich der von uns erhobenen Flächenwerte für einzelne Strassen Oekingens mit denjenigen Werten der Grundbuchvermessung, die im Rahmen der Güter- und Baulandzusammenlegung (1979) gemessen wurden, zeigte Abweichungen von maximal einem bis drei Prozenten.

Diese geringen Unterschiede sind einen Beweis dafür, dass
die Verkehrsfläche mit der in der Untersuchung angewandten
Erhebungsmethode in ausreichender Genauigkeit ermittelt
werden kann.

b) Erfassung der Verkehrsflächenentwicklung

Wegen des enormen Erhebungsaufwandes wurde der Wandel
der Verkehrsfläche zwischen 1960 und 1982/83 nur in fünf
Testgemeinden untersucht.[44] Erste Anhaltspunkte zur Veränderung des Verkehrsnetzes lieferte der Vergleich der Luft-
bilder von 1964, 1970 und 1982. Exakte Daten zur Chronologie
und zur Fläche der Strassenneubauten und -ausbauten konnten
den Mutationsplänen des Grundbuchs entnommen werden.

c) Erfassung der geplanten Strassen

Um sinnvolle Aussagen zum zonenspezifischen Verkehrsflächenanteil und zur Reservefläche für Bauten und Anlagen machen zu können, musste neben der gebauten Verkehrsfläche auch
jene in Erfahrung gebracht werden, welche zur Vollerschliessung
der einzelnen Zonenarten notwendig ist. Die Flächen der geplanten Strassen wurden aus den Strassenerschliessungsplänen herausgemessen. Für die Bauzonengebiete ohne Plangrundlage zum
geplanten Strassennetz musste die Strassenerschliessung sel-
ber entworfen werden. Dazu wurde die Anlage der zu planenden
Strassen auf die Struktur der bestehenden Strassennetze in
den einzelnen Zonenarten abgestimmt. Dabei bezogen wir auch
Vorschläge der betroffenen Ortsplaner mit ein.

44) Dazu gehören: Oekingen, Dulliken, Lostorf, Egerkingen
    und Witterswil.

2.3 Wohnbauflächenverbrauch pro Einwohner und Haushalt

2.3.1 Ziel der Ermittlung

Mit der Berechnung des einwohner- und haushaltspezifischen Wohnbauflächenverbrauchs wurden zwei Ziele verfolgt:

a) Ermittlung von Richtwerten, welche für die Wohnbauverhältnisse des Kantons Solothurn repräsentativ sind

Der Planer ist bei der Dimensionierung der Wohnzonen für eine bestimmte Einwohnerzahl und bei der Ueberprüfung der Einwohnerkapazitätsreserven der ausgeschiedenen Wohnzonen auf einwohner- und haushaltspezifische Richtwerte zum Wohnbauflächenverbrauch angewiesen. Einer der Hauptkritikpunkte, der gegen die Anwendung von Richtwerten spricht, ist die Tatsache, dass das Erhebungsgebiet dieser Faustzahlen oft nicht mit dem Anwendungsgebiet dieser Werte übereinstimmt.[45] Um verlässliche Resultate erhalten zu können, sollten Richtwerte nur auf solche Gebiete appliziert werden, die im Bezug auf ihre siedlungsstrukturellen Eigenschaften vergleichbar sind mit ihrem Erhebungsgebiet.[46]

b) Wandel des einwohner- bzw. haushaltspezifischen Wohnbauflächenverbrauchs zwischen 1960 und 1980

Bekanntlich hat sich die Kluft zwischen der Grösse der Wohnbaufläche und der Grösse der Bevölkerungszahl in den vergangenen Jahren zunehmend verbreitert. Durch den Vergleich der Wohnbauflächen pro Kopf von 1960, 1970 und 1980 sollte geprüft werden, in welchem Ausmass dies auch für das Wohngebiet des Kantons Solothurn zutrifft. Mit der Berechnung der Wohnbaufläche pro Haushalt wollten wir weiter prüfen, ob die bekannte Zunahme beim Wohnbauflächenverbrauch pro Einwohner primär bedingt wurde durch die Verkleinerung der Haushaltsgrössen oder ob auch eine eventuelle Steigerung des Wohnbauflächenverbrauchs der Haushalte dazu beitrug.

---

45) Vgl. Einleitung zur Quartieranalyse des Kantons Solothurn, Amt für Raumplanung des Kt. SO., 1977
46) Siehe M.H. Höflinger, In: ORL-Bericht 43/1982:68ff.

2.3.2 Berechnung der Wohnbaufläche pro Einwohner und Haushalt

Die Ermittlung dieser Werte wurde separat für die EFH-Z, MFH-Z und Kern-Z vorgenommen. Zur Wohnbaufläche der einzelnen Zonen wurden nur die zonengerecht überbauten Grundstücke zusammengefasst. Die Zahl der Einwohner und Haushaltungen eruierten wir getrennt nach den einzelnen Wohngebäuden für die Jahre 1960, 1970 und 1980. Als Quellengrundlage benützten wir die Kontrollblätter der Zählkreise von den eidgenössischen Volkszählungen der oben genannten Jahre.[47] Anhand der Haushaltsadressen (Strasse und Hausnummer) und der Haushaltsgrössen konnte den einzelnen Gebäuden bzw. Parzellen die exakte Haushaltungszahl und Einwohnerzahl zugeordnet werden.

---

[47] Unveröffentlichte Grundlagen des eidgenössischen statistischen Amtes Bern.

II. TEIL: ERGEBNISSE DER SIEDLUNGSFLAECHENANALYSE

3. BAUZONENANALYSE

3.1 Analyse der gesamten Bauzonenfläche

3.1.1 Bauzonengrösse

Die ausgewählten Testgemeinden weisen ganz unterschiedliche Bauzonengrössen auf. An den beiden Enden der Flächenskala liegen Dulliken mit rund 180 Hektaren und Oberramsern[48] mit ungefähr 3 Hektaren. Allein aufgrund der absoluten Flächenangaben ist es schwierig, sich ein konkretes Bild über die Bauzonengrössen zu machen. Zu deren Veranschaulichung vergleichen wir diese daher mit der Bruttofläche[49] und der Totalfläche der Gemeinden (S.Tab.1).

Tab.1: Flächenanteil der Bauzone an der Bruttofläche und Totalfläche der Gemeinden (Flächen in Hektaren, Flächenanteile in Prozenten)

Gemeinde	Bauzonenfläche (BZF)	Bruttofläche (BF)	Anteil der BZF an BF	Totalfläche (TF)	Anteil der BZF an TF
Gerlafingen	152	167	91	187	81
Oekingen	29	190	15	240	12
Lüterkofen-Ichertswil	31	250	11	437	7
Oberramsern	3	129	2	174	2
Dulliken	180	402	45	606	30
Lostorf	156	631	25	1319	12
Egerkingen	131	361	36	708	19
Niederbuchsiten	49	358	14	547	9
Aedermannsdorf	27	406	7	1291	2
Witterswil	38	216	18	267	14
Hochwald	62	469	13	836	7
Erschwil	45	331	14	735	6
Total	903	3935	23	7347	12

48) Oberramsern hatte zur Zeit der Erhebungen noch keine Ortsplanung. Das Bauzonengebiet wurde von der kantonalen Raumplanungsstelle abgegrenzt. Es umfasst in groben Zügen das bestehende Baugebiet.

49) Die Bruttofläche besteht aus der Totalfläche der Gemeinde abzüglich des Un- und Oedlandes, des Waldes und der Gewässer (vgl. Richtlinien zur ORL, Blatt 511503, 1967). In dieser Untersuchung wurden auch die Juraweiden nicht zur Bruttofläche gerechnet, da diese aufgrund ihrer Standortvoraussetzungen nicht als potentielles Bauzonengebiet betrachtet werden können.

Der Vergleich mit der Bruttofläche ist insofern interessant,
weil damit das Flächenverhältnis des rechtlich ausgeschiedenen
Baugebietes (Bauzone) zum potentiellen Baugebiet[50] der Gemeinde
(Bruttofläche) ausgedrückt wird. Gemäss den ORL-Richtlinien von
1968 (Blatt 510941,S.5) sollte der Anteil der Bauzone an der
Bruttofläche in den Gemeinden maximal 50 Prozent betragen. In
zehn der zwölf Testgemeinden ist dieser Anteil deutlich kleiner.
In Dulliken, wo der Anteil 45 Prozent beträgt, ist dieser Maximalwert beinahe erreicht. Ganz massiv überschritten werden die
50 Prozent in Gerlafingen. Hier ist die Bauzone fast identisch
mit der Grösse der Bruttofläche (91 Prozent). Beim Vergleich
der Bauzonenflächen der einzelnen Gemeinden werden zwei Tendenzen sichtbar: 1. Die Bauzonenflächen werden vom zentrumperipheren zum zentralen Bereich grösser. 2. Die Flächen der Bauzonen
wachsen mit zunehmender gewerblich-industrieller Prägung der
Gemeinden. Für die beiden allgemeinen Feststellungen gibt es
jedoch je ein klares Gegenbeispiel. So weist die relativ abseits
liegende Gemeinde Hochwald eine fast doppelt so grosse Bauzonenfläche auf als das wesentlich zentraler liegende Dorf Witterswil.
Im weiteren ist die riesige Bauzone Lostorfs weder durch die zentralörtliche Lage noch durch die Arbeitsplatzzahl erklärbar. Diese
beiden Ausnahmen deuten an, dass die Bauzonengrösse der Gemeinden neben der zentralörtlichen Lage und der Zahl der sekundären
und tertiären Arbeitsplätze auch wesentlich bestimmt wird durch
die spezifische kommunale Siedlungswachstumspolitik. Dass es sich
dabei nicht selten um reine persönliche Interessenspolitik handelt, sei hier nur am Rande erwähnt!

50) Im Kanton Solothurn kann aufgrund der klimatischen und edaphischen Bedingungen die nicht überbaute Bruttofläche nach
Abzug der Weidefläche grob als die ackerfähige Landfläche
bezeichnet werden.

3.1.2 Bauzonenaufteilung

In diesem Kapitel betrachten wir die Gliederung der Bauzonen in die verschiedenen Nutzungszonen. Die Gemeinden sind verpflichtet, ihre Bauzonenordnung auf den kantonalen und regionalen Richtplan abzustimmen. Sie können gemäss kantonalem Baugesetz[51] ihr Baugebiet namentlich in folgende Zonenarten aufteilen: Wohnzone, Kernzone, Industrie- und Gewerbezone und Zone für öffentliche Bauten und Anlagen. Die fünf Nutzungszonen können nach Bauhöhe und Ausnützung noch weiter unterteilt werden. Ueber die Bauzonenaufteilung in den Testgemeinden gibt Tabelle 2 Auskunft. Sie zeigt den prozentualen Flächenanteil der einzelnen Zonenarten an der Gesamtfläche der Bauzonen.

Tab.2: Bauzonenaufteilung aufgrund der Zonenpläne von 1984

(Angaben in Prozenten)

Gemeinden	EFH-Z	MFH-Z	WZ total	Kern-Z	IG-Z	OeBa-Z
Gerlafingen	37	22	59	10	25	7
Oekingen	74	4	79	15	-	7
Lüterkofen-Ichertswil	66	-	66	26	2	6
Oberramsern	-	-	-	83	11	5
Dulliken	32	23	55	4	32	9
Losterf	75	1	76	11	7	6
Egerkingen	42	8	50	7	38	5
Niederbuchsiten	52	3	54	19	19	7
Aedermannsdorf	62	-	62	10	18	10
Witterswil	78	-	78	15	-	7
Hochwald	79	-	79	17	-	4
Erschwil	69	2	71	13	9	6
Total	53	10	63	11	19	7

51) Vgl. kantonales Baugesetz vom 3. Juli 1978, § 29.

3.1.3 Gesamter Flächenverbrauch innerhalb der Bauzone

Der totale Bauzonenflächenverbrauch in den Testgemeinden betrug zwischen 1960 und 1980 fast genau 200 Hektaren (vgl. Tab. 15 S. 142). Bezogen auf die überbaute Bauzonenfläche von 1960 bedeutete dies eine Zunahme von 66 Prozent innerhalb von nur 20 Jahren. Ein Vergleich der neu überbauten Fläche der sechziger Jahre mit jener der nachfolgenden Dekade zeigt, dass sich der Flächenverbrauch in den siebziger Jahren um 13 Prozent erhöhte. Gemessen an der Wohnbauentwicklung von 1981 bis 1985 setzte sich die Bauzonenüberbauung in der ersten Hälfte der achziger Jahre in unverminderter Intensität fort.[52] Die Bauzonenverbrauchsquote stieg von 33 Prozent im Jahre 1960 auf 44 Prozent im Jahre 1970 und weiter auf 56 Prozent im Jahre 1980.

Abb.4: <u>Totaler Bauzonenflächenverbrauch in den 12 Testgemeinden zwischen 1961 und 1980</u>

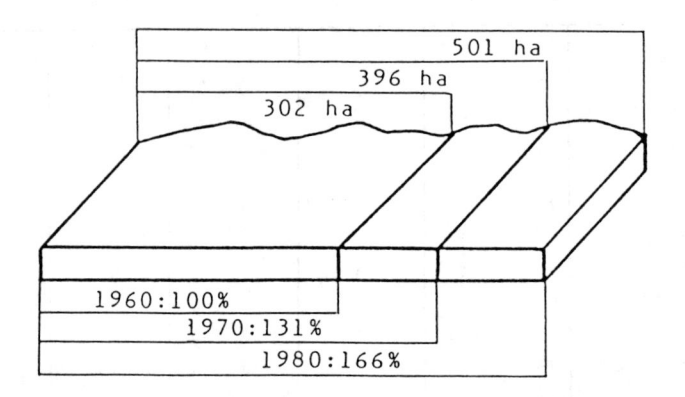

```
                              501 ha
                    396 ha
          302 ha


     1960:100%
        1970:131%
           1980:166%
```

52) In der ersten Hälfte der achziger Jahre wurden in den 12 Testgemeinden zusammen pro Jahr 20 Wohnungen weniger errichtet als im jährlichen Durchschnitt zwischen 1961 und 1970. Da der Anteil der Einfamilienhäuser jedoch grösser wurde, darf daraus geschlossen werden, dass sich der Wohnbauflächenverbrauch im Ausmass der siebziger Jahre fortsetzte.

Der Hauptgrund für den gestiegenen Flächenverbrauch in den siebziger Jahren war die räumliche Ausbreitung der intensiven Bautätigkeit vom zentralen Bereich auf den Uebergangsbereich. Während zwischen 1961 bis 1970 in den drei zentralen Gemeinden im Durchschnitt rund 14 Hektaren überbaut wurden, waren es in den Uebergangsgemeinden ungefähr 9 Hektaren und in den zentrumperipheren Gemeinden zirka 1.8 Hektaren. In den siebziger Jahren wurden die zentralen Gemeinden mit 12,1 Hektaren von den Uebergangsgemeinden mit 12,4 Hektaren sogar knapp übertroffen. Die zentrumperipheren Dörfer verzeichneten praktisch den gleichen Flächenverbrauch wie in der vorangegangenen Dekade. Die gürtelhafte Siedlungsausdehnung vom zentralen Bereich zum Uebergangsbereich wird durch die ausgewählten Testgemeinden exemplarisch dokumentiert.

3.1.4 Nutzungsspezifischer Flächenverbrauch innerhalb der Bauzone

Die zonenartgetrennte Flächenanalyse erweist sich als Vorteil bei der Erfassung des Flächenverbrauchs der einzelnen baulichen Nutzungen. Neben den durch die Zonenarten differenzierten Hauptnutzungen Wohnen, Arbeiten und öffentliche Nutzung unterschieden wir als vierte Kategorie die Verkehrsflächen.[53] Die überbauten Parzellen der Kernzone wurden entsprechend ihrer realen baulichen Nutzung dem Wohnen bzw. dem Arbeiten zugeordnet. Die gemischt genutzten Grundstücke wurden den unterschiedenen Hauptnutzungen wie folgt zugeteilt:

a) Bei baulicher Trennung der verschiedenen Nutzungen (z.B. Landwirtschaftsbauten mit getrenntem Wohnhaus) wurde das Grundstück entsprechend dem Flächenanspruch der Einzelbauten auf die unterschiedenen Nutzungen aufgeteilt.

---

53) Die Verkehrsflächenentwicklung bei den sieben Testgemeinden ohne spezielle Erhebung des Verkehrsflächenbestandes von 1960 und 1970 wurde aufgrund der auf den Luftbildern von 1964 und 1970 erkennbaren Stassennetze und der heutigen Strassenbreite errechnet. Strassenverbreiterungen konnten bei diesen Gemeinden nicht berücksichtigt werden.

b) Parzellen mit gemischt genutzten Einzelgebäuden (z.B. Geschäftsbauten mit Wohnungen) wurden als Gesamtfläche derjenigen Nutzung mit dem grössten Bruttogeschossflächenverbrauch[54] zugezählt.

Die zonenartfremd überbauten Parzellen wurden bei den einzelnen Zonenarten für diese gesamthafte Darstellung nicht ausgefiltert, da sie sich gegenseitig zwischen den Zonenarten zum überwiegenden Teil wieder aufheben. In allen Zonenarten zusammen waren 1960 13 Prozent, 1970 noch 12 Prozent und 1980 noch 11 Prozent der überbauten Fläche zonenartfremd genutzt.

Tab.3: Bauliche Flächennutzung innerhalb der Bauzonen der 12 Testgemeinden von 1960, 1970 und 1980

	1960:		1970:		1980:	
	Fläche ha	Anteil an überbauter Bauzonenfläche	Fläche ha	Anteil an überbauter Bauzonenfläche (Flächenzunahme seit 1960)	Fläche ha	Anteil an überbauter Bauzonenfläche (Flächenzunahme seit 1960)
Wohnen	161,18	53 %	212,96	54 % (32 %)	282,37	56 % (75 %)
Arbeiten	72,05	24 %	87,05	22 % (21 %)	100,36	20 % (39 %)
Oeffentliche Nutzung	17,19	6 %	27,60	7 % (61 %)	37,18	7 % (116 %)
Verkehrsfläche	51,62	17 %	68,25	17 % (32 %)	80,86	16 % (56 %)

Das Hauptmerkmal der Nutzungsdynamik innerhalb der Bauzone zwischen 1960 und 1980 ist die überaus grosse Zunahme bei den Wohnbauflächen

54) Die Bruttogeschossfläche umfasst sämtliche Geschossflächen, die zum Wohnen und Arbeiten (sekundärer und tertiärer Sektor) genutzt werden. Dazu gehören die unter- und oberirdischen Geschossflächen einschliesslich der Mauer- und Wandquerschnitte, abzüglich aller Flächen, die nicht dem Wohnen und Arbeiten dienen (Keller, Estrich, Waschküche, Garage, Heizung etc.

Sie vergrösserte sich innerhalb der zwanzig Jahre um genau 75 Prozent. Ihr Anteil an der gesamten überbauten Bauzonenfläche erhöhte sich dadurch von 53 auf 56 Prozent. Vergleicht man diesen mit dem gesamten Flächenanspruch der Wohnzone (63 %), so wird deutlich, dass die Flächenreserven der Wohnzonen sehr gross sein müssen.

Das Wachstum der wirtschaftsbaulich genutzten Bauzonenfläche (Landwirtschaftsbauten, Industrie- und Gewerbebauten) war gegenüber jenem der Wohnbauflächen nur ungefähr halb so gross. Das Flächenverhältnis dieser beiden dominierenden Nutzungen veränderte sich in den zwanzig Jahren erheblich:

	Arbeiten	:	Wohnen
1960:	1	:	2,2
1970:	1	:	2,5
1980:	1	:	2,8

Der Flächenanteil der öffentlichen Bauten und Anlagen blieb in der betrachteten Zeitspanne mit einer Zunahme von einem Prozent praktisch konstant. Mit einem relativen Wachstum von 116 Prozent steht die öffentliche Baufläche jedoch mit Abstand an der Spitze der nutzungsspezifischen Zuwachsraten. Auf die Gründe dieser Entwicklung wird bei der speziellen Betrachtung der OeBa-Z (S. 117) eingegangen.

Der Verkehrsflächenzuwachs betrug zwischen 1960 und 1980 56 Prozent. Der Anteil der Verkehrsfläche an der überbauten Bauzonenfläche sank gleichzeitig von 17 auf 16 Prozent. Der erstaunlich hohe Verkehrsflächenanteil ist darauf zurückzuführen, dass er auf der Grundlage von z.T. noch niederen Ueberbauungsraten der einzelnen Zonenarten errechnet wurde, und zweitens darauf, dass die Verkehrsfläche auch Strassen umfasst, die nur regionale Erschliessungsfunktionen haben (z.B. Kantonsstrassen ohne Quartiererschliessungsfunktion).

Am Total des realisierten Bauzonenflächenverbrauchs zwischen 1960 und 1980 partizipierten die vier Hauptnutzungen wie folgt:

	1961 - 1970	1971 - 1980
Wohnen	55 %	66 %
Arbeiten	16 %	13 %
Oeffentliche Nutzung	11 %	9 %
Verkehr	18 %	12 %

Die Wohnzone beansprucht im Durchschnitt der zwölf Testgemeinden
fast zwei Drittel der gesamten Bauzonenfläche. In den Wohn- und
landwirtschaftlichen Wohngemeinden steigt dieser Anteil bis gegen
80 Prozent. Selbst in den Gewerbe- und Wohn-Gewerbegemeinden nimmt
die Wohnzone noch 50 bis 60 Prozent der Bauzonenfläche ein. Der
Flächenanspruch der Wohnnutzung liegt in Wirklichkeit noch deutlich
über dem ausgewiesenen Wohnzonenanteil, da die gemischt genutzte
Kernzone, mit Ausnahme jener von Niederbuchsiten und Lüterkofen-
Ichertswil, vorwiegend dem Wohnen dient (vgl.S.106). Ein krasser
Unterschied zeigt sich zwischen den Grössen der ausgeschiedenen
EFH-Z und MFH-Z. Der Flächenanteil der EFH-Z ist insgesamt rund
fünfmal grösser als derjenige der MFH-Z. Sogar bei den Grossgemein-
den Gerlafingen und Dulliken fällt der Flächenvergleich zwischen
den beiden Wohnzonenarten eindeutig zu Gunsten der EFH-Z aus. Besonders hoch ist der EFH-Z-Anteil in den Agglomerationsrandgemeinden Oekingen, Lostorf, Witterswil und Hochwald. Es ist offensichtlich, dass damit die rurbane Siedlungsentwicklung in diesen Gemeinden durch die Zonenplanung massiv unterstützt wird.
Am zweitmeisten Bauzonenfläche verbraucht die IG-Z. Ihr Anteil
ist mit insgesamt 19 Prozent aber bedeutend kleiner als jener der
Wohnzone. Ueber dem Durchschnittswert liegen die Gewerbegemeinde
Egerkingen und die Wohn-Gewerbegemeinden Gerlafingen und Dulliken.
Die siedlungsfunktionale Typisierung dieser drei Dörfer findet
also im Flächenverhältnis der Zonenarten eine klare Bestätigung.
Der Bauzonenanteil der OeBa-Z ist in den Testgemeinden erstaunlich
konstant. In zehn Testgemeinden liegt er zwischen fünf und sieben
Prozent. Der grössere Anteil in Dulliken ist auf das relativ grossflächige Bildungszentrum "Franziskushaus" zurückzuführen. Aedermannsdorf hat im Vergleich zur Gemeindegrösse eine überproportio-
nale OeBa-Z ausgeschieden.

3.2. Flächenanalyse innerhalb der einzelnen Zonenarten

3.2.1 Einfamilienhauszone (EFH-Z)

Die EFH-Z setzt sich zusammen aus den Wohnzonen und den gemischt genutzten Wohn-Gewerbezonen[55] für maximal zweigeschossige Bauten. Dazu zählen namentlich folgende Zonenarten:

W1: Wohnzone für eingeschossige Bauten
W2: Wohnzone für zweigeschossige Bauten
WG2: Wohn-Gewerbezonen für zweigeschossige Bauten

Die Bezeichnung "EFH-Z" wurde deshalb gewählt, weil das Einfamilienhaus den zahlen- sowie flächenmässig dominierenden Haustypus in den drei oben zusammengefassten Zonenarten darstellt. Auf die Flächendominanz der EFH-Z innerhalb der Bauzone wurde bereits auf Seite 45 eingegangen. Nachstehend werden deshalb nur noch die absoluten EFH-Z-Flächen und deren Anteil an der Wohnzone von den einzelnen Testgemeinden aufgeführt:

---

55) Die gemischt genutzten Wohn-Gewerbezonen wurden in der Regel der Wohnzone zugerechnet, weil die gewerbliche Nutzung in dieser Zone eine marginale Rolle spielt.

Tab. 4: <u>Flächengrösse der EFH-Z in den Testgemeinden</u>
(Flächen in Hektaren, Wohnzonenanteil in %)

Testgemeinde	EFH-Z-Fläche	Anteil an der Wohnzone
Gerlafingen	55,73	62
Oekingen	21,59	95
Lüterkofen-Ichertswil	20,27	100
Oberramsern	-	-
Dulliken	57,54	58
Lostorf	117,71	99
Egerkingen	55,66	84
Niederbuchsiten	25,40	95
Aedermannsdorf	17,05	100
Witterswil	29,82	100
Hochwald	48,75	100
Erschwil	31,04	97
Total	480,56	84

3.2.1.1 Flächenverbrauch für Bauten und Anlagen in
        der EFH-Z

a) Gesamte zonengerecht und zonenfremd überbaute Fläche

Die durch Bauten und Anlagen genutzte Fläche in der
EFH-Z hat sich in der betrachteten Zeitspanne ungefähr verdoppelt:

	Fläche in ha	Zunahme in ha	Index
1960:	102,9		100
		37,8	
1970:	140,7		137
		60,7	
1980:	201,5		196

Der Vergleich des Flächenverbrauchs in den beiden Dekaden zeigt einen um 71 Prozent höheren Wert für die
siebziger Jahre. Damit kommt der Einfamilienhaus-
Bauboom dieser Zeit flächenmässig deutlich zum Ausdruck.
Die Flächenverbrauchswerte derjenigen Gemeinden, die
bis 1983 exakt erhoben werden konnten, zeigen an, dass
sich der grosse Landverbrauch im Zuge des Einfamilien-
haus-Baubooms auch in der ersten Hälfte der achtziger
Jahre fortgesetzt hat. In welchem Ausmass der Flächenverbrauch innerhalb der Bauzone in den sechziger und
siebziger Jahren durch den Einfamilienhausbau bestimmt
wurde, ist aus Abb. 5 ersichtlich.

Abb. 5: Flächenverbrauch durch Bauten und Anlagen innerhalb der Bauzone, Wohnzone und EFH-Z zwischen 1960 - 1980 in den 12 Testgemeinden zusammen

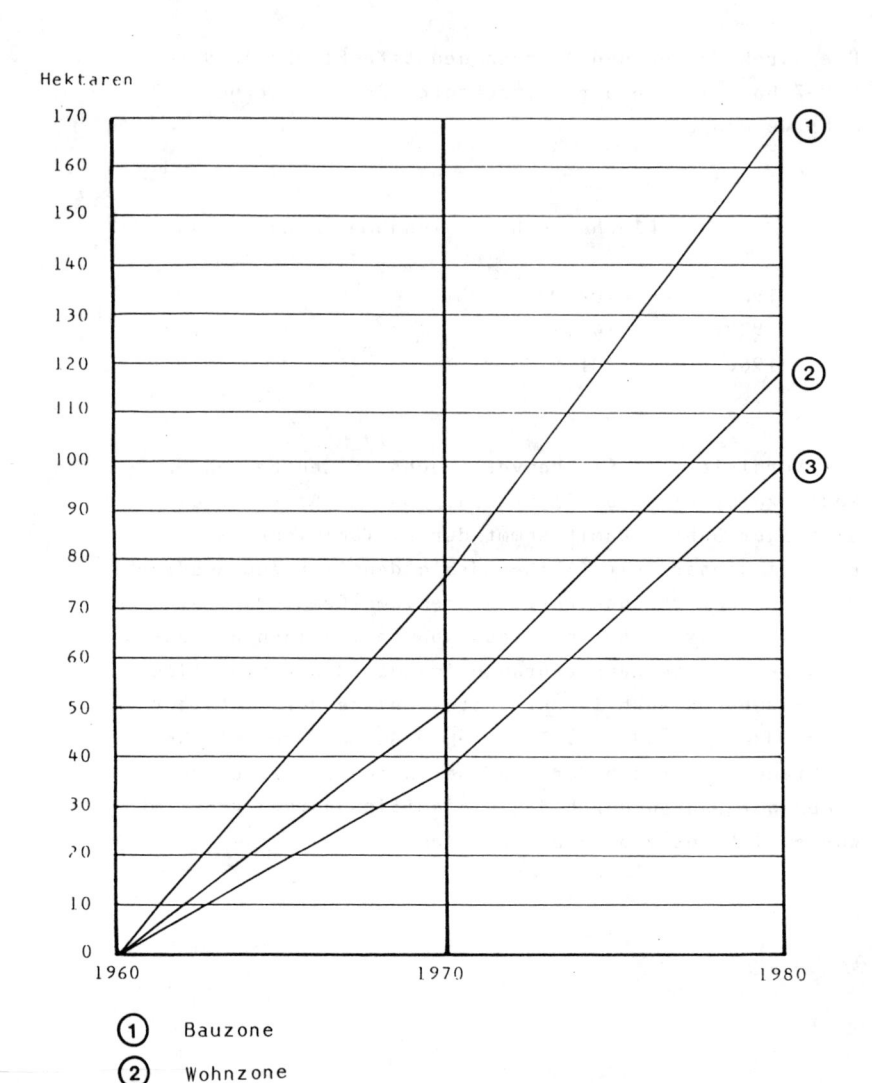

① Bauzone
② Wohnzone
③ EFH-Zone

Noch in den fünfziger Jahren konzentrierte sich der Einfamilienhausbau hauptsächlich auf die damaligen Industriegemeinden Gerlafingen und Dulliken und die durch öffentliche Verkehrsmittel gut erschlossenen Uebergangsgemeinden Egerkingen und Lostorf. (vgl. Abb. 6)

Der seit Anfang der fünfziger Jahre fortwährend stark steigende private Motorisierungsgrad nivelliert die Erreichbarkeit und damit die bauliche Entwicklung jener im grossen Umkreis der Arbeitsplatz- und Versorgungszentren liegenden Gemeinden. Dadurch breitete sich der Einfamilienhausbau in den Uebergangsbereich aus. Solche typische Testgemeinden sind Lüterkofen-Ichertswil, Lostorf, Witterswil und Hochwald. Diese verzeichneten mit der Gewerbegemeinde Egerkingen und den Wohn-Gewerbegemeinden Gerlafingen und Dulliken den grössten Einfamilienhauszuwachs aller Testgemeinden.

Abb. 6: Flächenverbrauch durch Einfamilienhausbauten in den 12 Testgemeinden, differenziert nach den drei Baualtersklassen bis 1960, 1961 - 1970, 1971 - 1980

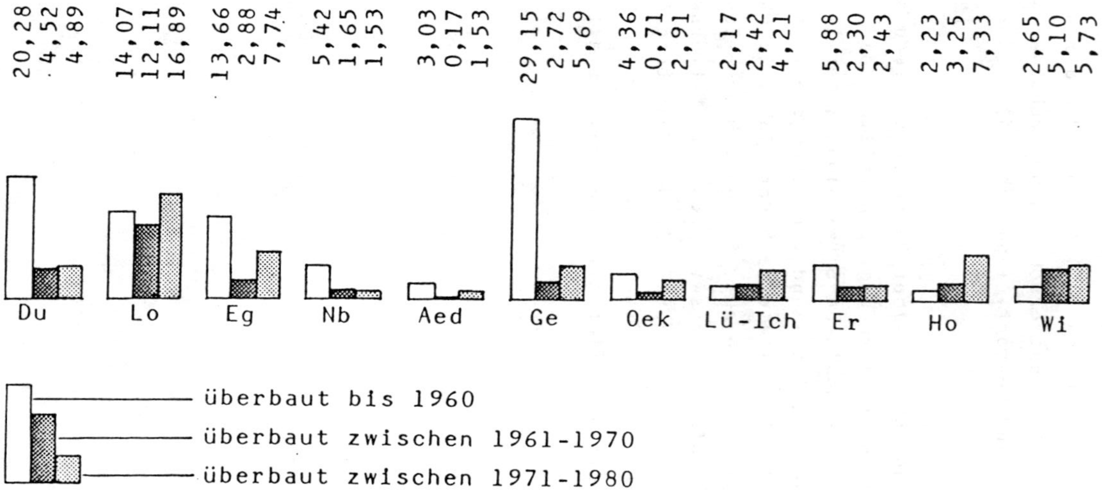

	Du	Lo	Eg	Nb	Aed	Ge	Oek	Lü-Ich	Er	Ho	Wi
überbaut bis 1960	20,28	14,07	13,66	5,42	3,03	29,15	4,36	2,17	5,88	2,23	2,65
überbaut zwischen 1961-1970	4,52	12,11	2,88	1,65	0,17	2,72	0,71	2,42	2,30	3,25	5,10
überbaut zwischen 1971-1980	4,89	16,89	7,74	1,53	1,53	5,69	2,91	4,21	2,43	7,33	5,73

Tab. 5: Absolute und relative Zunahme der EFH-Gebäude in vier ausgewählten Testgemeinden in der EFH-Z zwischen 1960 - 1985

Gemeinde	Anzahl EFH 1960	1985	absolute Zunahme	relative Zunahme
Lostorf	138	529	391	383 %
Lüterkofen-Ichertswil	21	98	77	467 %
Witterswil	27	243	216	900 %
Hochwald	16	133	117	831 %

b) Flächenanteil der zonenfremden Bauten

Als zonengerechte Ueberbauungen wurden in der EFH-Z Einfamilien-, Zweifamilien- und Dreifamilienhäuser mit den dazugehörigen Ergänzungsbauten (Garage, Schuppen etc) sowie die privaten Parkierflächen gerechnet. Alle andern Bauten, eingeschlossen jene gemischt genutzten Ein-, Zwei- und Dreifamilienhäuser deren Bruttogeschossfläche zu mehr als der Hälfte nicht dem Wohnen dient, wurden als zonenfremde Ueberbauungen eingestuft. Seit 1960 hat sich der zonenfremde Flächenanteil in der EFH-Z wie folgt entwickelt:

	Flächenanteil der zonenfremden Bauten an der durch Bauten und Anlagen genutzten EFH-Z-Fläche	absolute Fläche	relative Zunahme seit 1960
1960:	13 %	12,89 ha	
1970:	10 %	14,75 ha	14 %
1980:	11 %	22,61 ha	74 %

Die beträchtliche Flächenzunahme zwischen 1970 und 1980 ist grösstenteils der Gemeinde Egerkingen zuzuschreiben, wo durch das "Motel" und durch ein Dutzend Musterhäuser die zonenfremd überbaute Fläche zwischen 1971 - 1980 von 2,75 Hektaren auf 6,30 Hektaren zunahm. In den übrigen Testgemeinden hat sich der Anteil der zonenfremd überbauten Fläche mehrheitlich stark verringert. Die EFH-Z entwickelt sich dort zu einer zunehmend reineren Wohnzone.

Tab. 6: <u>Anteil der zonenfremd überbauten EFH-Z-Fläche in den einzelnen Testgemeinden in den Jahren 1960, 1970 und 1980</u>
(Angaben in Prozenten)

Gemeinde	1960	1970	1980
Gerlafingen	7	8	8
Oekingen	8	7	5
Lüterkofen-Ichertswil	19	10	5
Dulliken	15	16	13
Lostorf	14	8	10
Egerkingen	17	17	26
Niederbuchsiten	17	9	8
Aedermannsdorf	20	13	13
Witterswil	19	7	9
Hochwald	10	4	3
Erschwil	9	9	10

Wir betonen, dass diejenigen Parzellen, die von uns als zonenfremd überbaut ausgeschieden worden sind, in den meisten Fällen nicht zonenreglementswidrig überbaut sind. Es handelt sich hier in der Regel um Grundstücke, deren bauliche Nutzung nicht der Hauptnutzung der Zonenart entspricht, wie beispielsweise das "Motel" und die Musterhäuser in Egerkingen.

Die zonenfremd überbauten Parzellen in den EFH-Z der Testgemeinden weisen folgende Nutzungen auf:

	Anzahl Parzellen		
	1960	1970	1980
- Gewerbliche und öffentliche Bauten	55	64	83
- Landwirtschaftsbauten	16	17	18
- Mehrfamilienhäuser (4 und mehr Wohnungen)	11	18	33

3.2.1.2 Parzellenspezifische Betrachtungen innerhalb der EFH-Z

a) Parzellengrösse

Nachfolgend betrachten wir die Flächenentwicklung der überbauten Parzellen zwischen 1960 und 1980. Dabei wird differenziert zwischen der totalen Grundstückfläche und der baulich ausgenützten Teilfläche des Grundstücks. (Vgl. Seite 38)

Abb. 7: <u>Flächenentwicklung der Einfamilienhausparzellen zwischen 1960 und 1980</u>

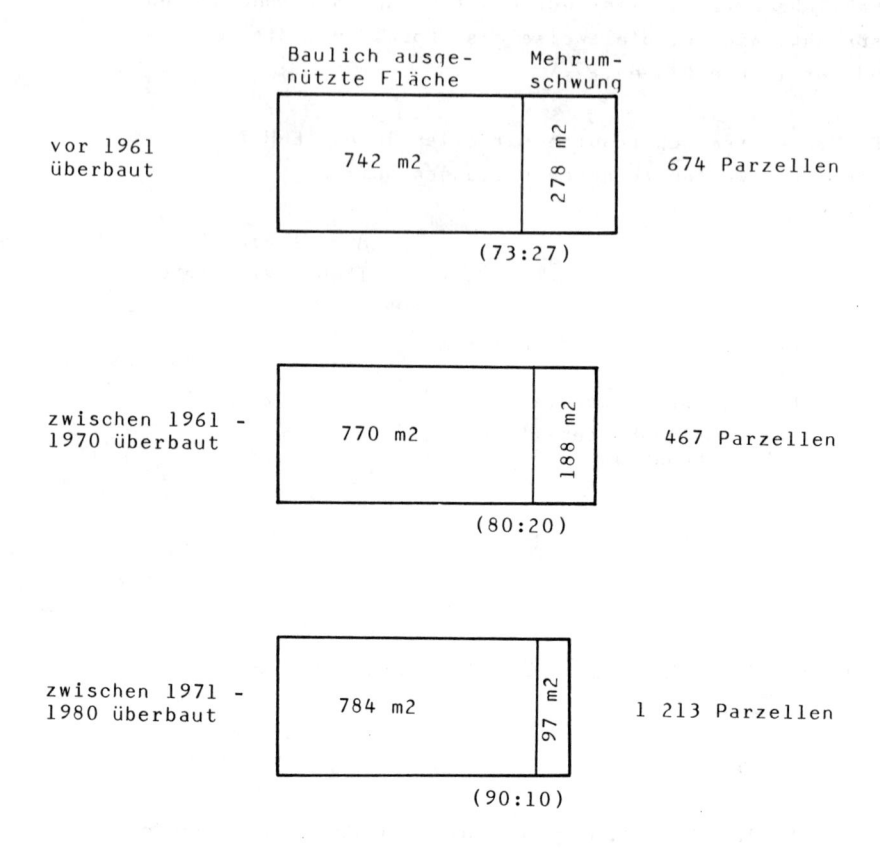

	Baulich ausgenützte Fläche	Mehrumschwung	
vor 1961 überbaut	742 m2	278 m2	674 Parzellen
	(73:27)		
zwischen 1961 - 1970 überbaut	770 m2	188 m2	467 Parzellen
	(80:20)		
zwischen 1971 - 1980 überbaut	784 m2	97 m2	1 213 Parzellen
	(90:10)		

(Zahlen in Klammern: Flächenverhältnis zwischen dem baulich ausgenützten Parzellenanteil und dem Mehrumschwung)

Die Flächengrösse der baulich ausgenützten Parzellenanteile veränderte sich innerhalb der beiden letzten Jahrzehnte kaum. Aufgrund der erheblich gestiegenen Bodenpreise (vgl. Seite 69) ist dies erstaunlich. Die durchschnittliche Parzellenfläche des Jahres 1960 wird allerdings stark bestimmt durch die hohe Zahl der eher kleinflächigen Parzellen (Reiheneinfamilien- und Doppeleinfamilienhäuser) der Gemeinden Gerlafingen und Dulliken. Ohne die Werte dieser beiden Dörfer würde die baulich ausgenützte Grundstückfläche von 1960 856 m2 betragen.

Die Grösse der totalen Parzellenfläche verkleinerte sich in den betrachteten zwanzig Jahren um 14 Prozent. Der Anteil der Parzellen mit Mehrumschwung ging zwischen 1960 und 1980 wesentlich zurück. Der zunehmende Verzicht auf Mehrumschwung bei Neubauten ist mit Sicherheit mit den massiv gestiegenen Landpreisen in Zusammenhang zu bringen. Die grosse Gesamtfläche des Mehrumschwungs der bis 1960 überbauten Parzellen ist zur Hauptsache durch die zu Wohnhäusern umgebauten Bauernhäuser bedingt. Der Umschwung dieser umgenutzten Landwirtschaftsbauten umfasst nicht selten die ganze ehemalige Hofstattfläche.

Tab. 7: Zahlen- und flächenmässige Veränderung der Parzellen
        mit einem übergrossen Umschwung (Mehrumschwung)
        zwischen 1960 - 1980

	Anzahl Parzellen mit Mehrumschwung	Anteil am Total der überbauten Parzellen	Durchschnittl. Fläche des Mehrumschwungs
überbaut bis 1960:	210	17 %	1 604 m2
überbaut zwischen 1961 - 1970:	53	11 %	1 658 m2
überbaut zwischen 1971 - 1980:	53	8 %	1 230 m2

Der grösste Teil des Mehrumschwungs - und dies trifft insbesondere für jene Bauten zu, die vor 1960 erstellt worden sind - wird landwirtschaftlich genutzt. Es ist deshalb sinnvoll, die Grösse der baulich ausgenützten Grundstückanteile als die eigentliche Einfamilienhaus-Parzellenfläche zu betrachten.

Für die Veränderung der Parzellenflächen ist allerdings die Entwicklung der relativen Häufigkeit der verschiedenen Grundstückgrössen aufschlussreicher als die durchschnittlichen Grundstückflächen der drei Zeitabschnitte.

Deshalb zeichneten wir diese für die Testgemeinden gesamthaft auf. Dabei wurde versucht, die Klassenintervalle der Parzellenflächen auf verschiedene Einfamilienhaustypen abzustimmen:

< 400 m2: Doppel- und Reiheneinfamilienhäuser
400 - 799 m2: kleine bis mittelgrosse Einfamilienhäuser
800 - 1199 m2: grosse Einfamilienhäuser
1200 m2: Landhäuser, Villen, umgenutzte
Bauernhäuser

Abb. 8: Relative Häufigkeit der Einfamilienhaus-Parzellenflächen

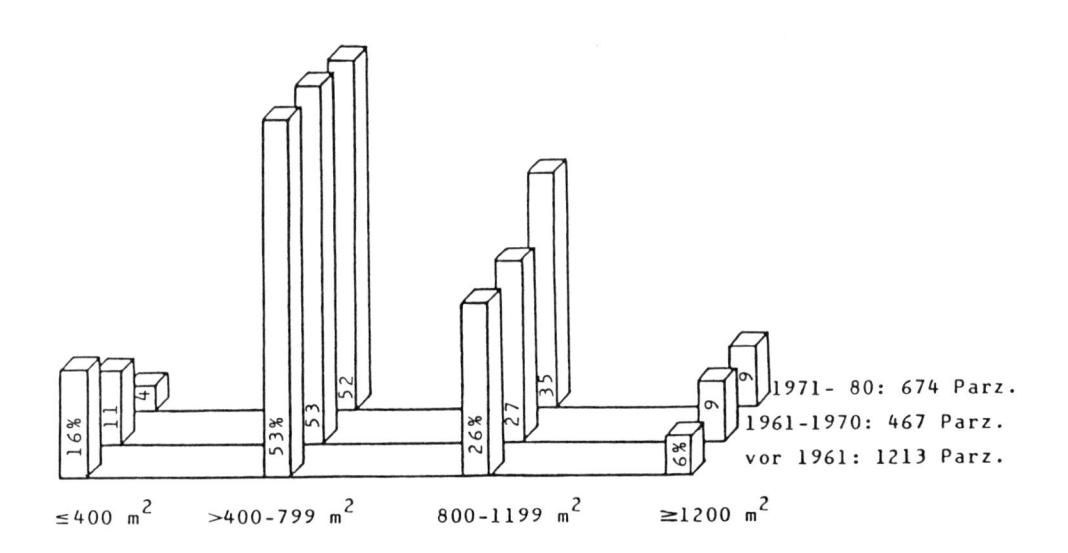

	≤400 m²	>400-799 m²	800-1199 m²	≥1200 m²
1971-80: 674 Parz.	4	52	35	9
1961-1970: 467 Parz.	11	53	27	9
vor 1961: 1213 Parz.	16%	53%	26%	6%

Die absolute Mehrheit der bebauten Einfamilienhausparzellen weist eine Fläche von 400 m2 bis 799 m2 auf. Der Anteil dieser Grössenkategorie blieb zwischen 1960 und 1980 praktisch konstant. Eine deutliche Zunahme verzeichneten hingegen die Grundstücke mit mehr als 800 m2 Fläche, während der Anteil der Kleinparzellen (bis 400 m2) ebenso klar abnahm.

Vergleichen wir nun zum Schluss noch die Parzellengrössen der einzelnen Gemeinden. Es zeigen sich dabei zum Teil extreme Unterschiede. Dass diese letztlich auch den gesamten Flächenverbrauch innerhalb der EFH-Z der einzelnen Gemeinden entsprechend beeinflussen können, zeigt der Vergleich des Landverbrauchs für Einfamilienhäuser in Lostorf und Dulliken zwischen 1961 - 1970.

	Anzahl überbaute EFH-Parzellen zwischen 1961 - 1970	Flächenverbrauch durch den Einfamilienhausbau zwischen 1961 - 1970
Dulliken	64	3,67 ha
Lostorf	128	11,84 ha

Lostorf verzeichnete bei doppelt sovielen Neubauten einen 3,2 mal grösseren Flächenverbrauch als Dulliken.

Abb. 9: Durchschnittliche Parzellenfläche der Einfamilienhäuser, differenziert nach den drei Bauperioden bis 1960, 1961 - 1970 und 1971 - 1980 in den Testgemeinden

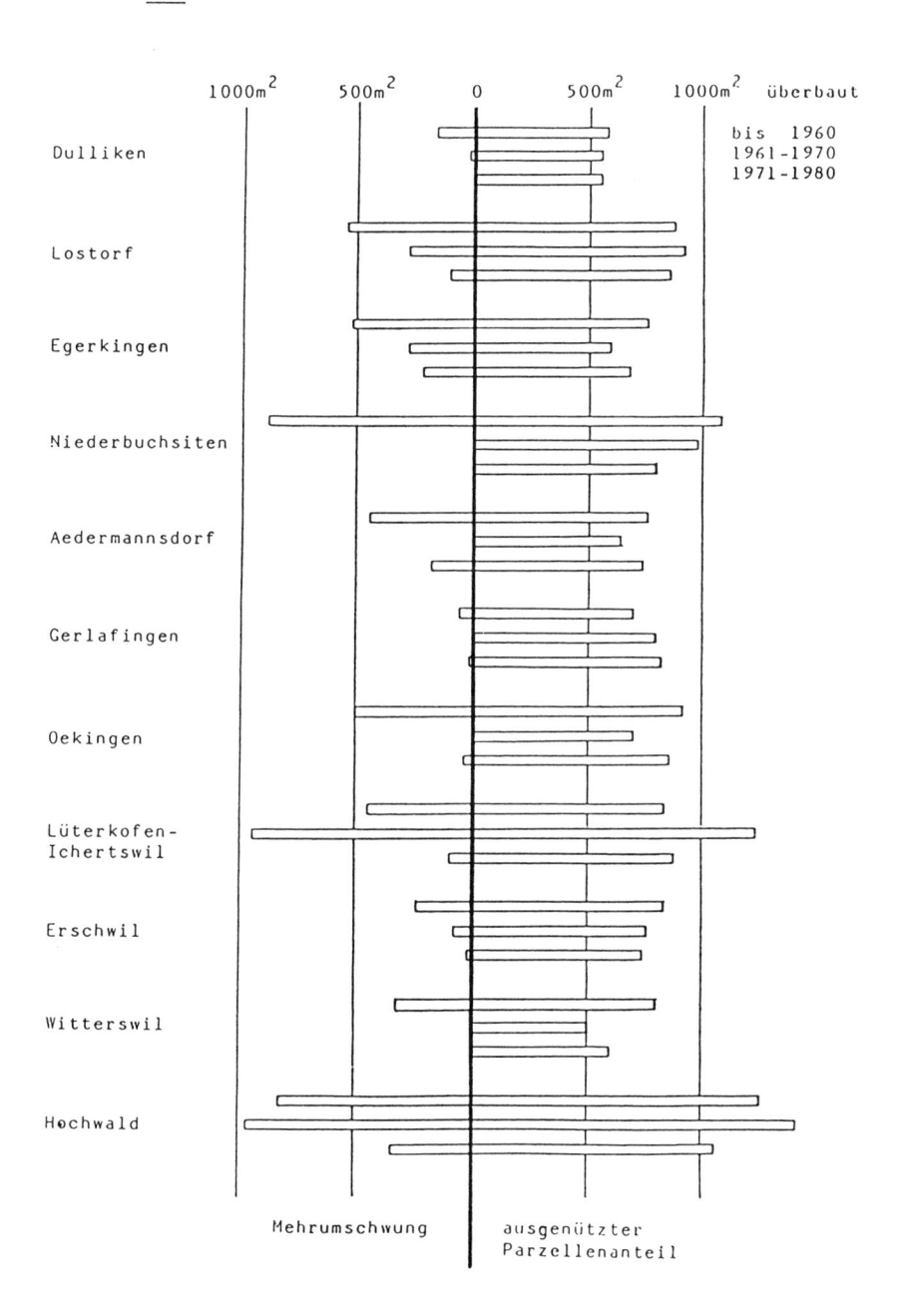

b) Verfügbarkeit der EFH-Parzellen

Die Verfügbarkeit des Baulandes stellt eine wichtige Rahmenbedingung für die Einfamilienhaus-Bautätigkeit in den Gemeinden dar. Nach Aussagen von Kennern der lokalen Baulandmärkte (Ortsplaner, Bausekretär, Gemeindeschreiber) wird der Flächenverbrauch in den EFH-Z der einzelnen Gemeinden erheblich beeinflusst durch die Grösse der Baulandangebote. Konkrete Angaben hiezu waren leider nur in den Gemeinden Lostorf und Aedermannsdorf erhältlich. Die beiden Beispiele zeigen auf, dass zwischen den einzelnen Testgemeinden in Bezug auf die Bauland-Verfügbarkeit extreme Unterschiede bestehen.[56]

	Unüberbaute EFH-Zone	davon verfügbar	
		absolute Fläche (ha)	relative Fläche (%)
Lostorf (1983)	45,2	23 - 27	50 - 60
Aedermannsdorf (1982)	9,6	1 - 2	10 - 20

Als Hauptgründe für die unterschiedliche Verfügbarkeit des Baulandes wurden angegeben[57]:

---

56) Als verfügbar wurden diejenigen Parzellen betrachtet, die zum Zeitpunkt der Erhebung erschlossen und käuflich gewesen wären.

57) Gemäss mündlicher Mitteilung durch den Ortsplaner und Bausekretär von Lostorf und den Baupräsidenten von Aedermannsdorf.

	Lostorf	Aedermannsdorf
1. Unterschiedliche Grundeigentümerschichten	Hps. Immobilienhändler, Architekten, Handwerker. Sie aktivieren den Baulandmarkt und die Neubautätigkeit.	Hps. Landwirte. Sie wollen das Land als landwirtschaftliche Produktionsfläche erhalten und blockieren somit die Neubautätigkeit.
2. Erschliessung:	ca. 80 Prozent des Baulandes erschlossen	ca. 20 Prozent des Baulandes erschlossen
3. Parzellierung	Zum grössten Teil Bauparzellen	Vorwiegend Landwirtschaftsparzellen (Streifenflur)

Als Ergänzung zur Problematik der Baulandverfügbarkeit verweisen wir auf eine detaillierte Studie des Kantons Bern.[58] Sie zeigt auf, dass zwischen 1980 - 1982 lediglich 19 % der unüberbauten Zonenfläche ohne Einschränkungen verfügbar gewesen wären. Aufgrund dieses repräsentativen Vergleichswertes kann die Verfügbarkeit des Baulandes in Lostorf als ausgesprochen gut bezeichnet werden, während diese in Aedermannsdorf eher unterdurchschnittlich war.

---

58) Das Angebot an Bauzonen, Grösse und Verfügbarkeit im Kanton Bern; Raumplanungsamt Kanton Bern, 1984

c) Entwicklung der Baulandpreise in der EFH-Z
zwischen 1965 und 1984

Die Entwicklung der Baulandpreise[59] fiel in den einzelnen Testgemeinden zwischen 1965 und 1984 sehr unterschiedlich aus.
Aus Abb. 10 ist eine klare Abfolge der Preisentwicklung und Preishöhe von den zentralen zu den zentrumperipheren Gemeinden erkennbar. Von den Untersuchungsgemeinden der Region Basel weist die Agglomerationsgemeinde Witterswil das höchste Landpreisniveau auf. Zur Uebergangsgemeinde Hochwald und weiter zum zentrumperipheren Dorf Erschwil ist ein deutliches Preisgefälle festzustellen. Auch bei den Testgemeinden der Region Solothurn ist diese Verringerung der Bodenpreise vom zentralen zum peripheren Bereich ersichtlich.
In Gerlafingen waren die Bodenpreise 1984 jedoch bedeutend tiefer als in den beiden andern zentralen Gemeinden.[60] Bei der Landpreisentwicklung in den Testgemeinden der Region Olten erkennt man in Egerkingen eine überdurchschnittliche grosse Preissteigerung. Die erhöhte Landnachfrage, als Folge der verbesserten Verkehrslage (N1 / N2), führte in diesem Dorf zwischen 1965 - 1984 zu einer Versechsfachung des Bodenpreises.

---

59) Bei den angegebenen Werten handelt es sich um die am häufigsten bezahlten Preise (keine Extremwerte) in den betreffenden Stichjahren. Die Angaben wurden den Unterlagen zu den getätigten Landverkäufen der kantonalen Katasterschätzung entnommen.

60) Nach Aussage Herrn Sollbergers, des Gerlafingers Gemeindeschreibers, wurden die Landpreise der Gemeinde durch günstige Landverkäufe der Von Roll, des grössten Grundbesitzers der Gemeinde, auf einem tieferen Niveau gehalten.

Abb. 10: Preisentwicklung des erschlossenen Baulandes in der EFH-Z zwischen 1965 - 1984 (Angaben in Franken pro m2)

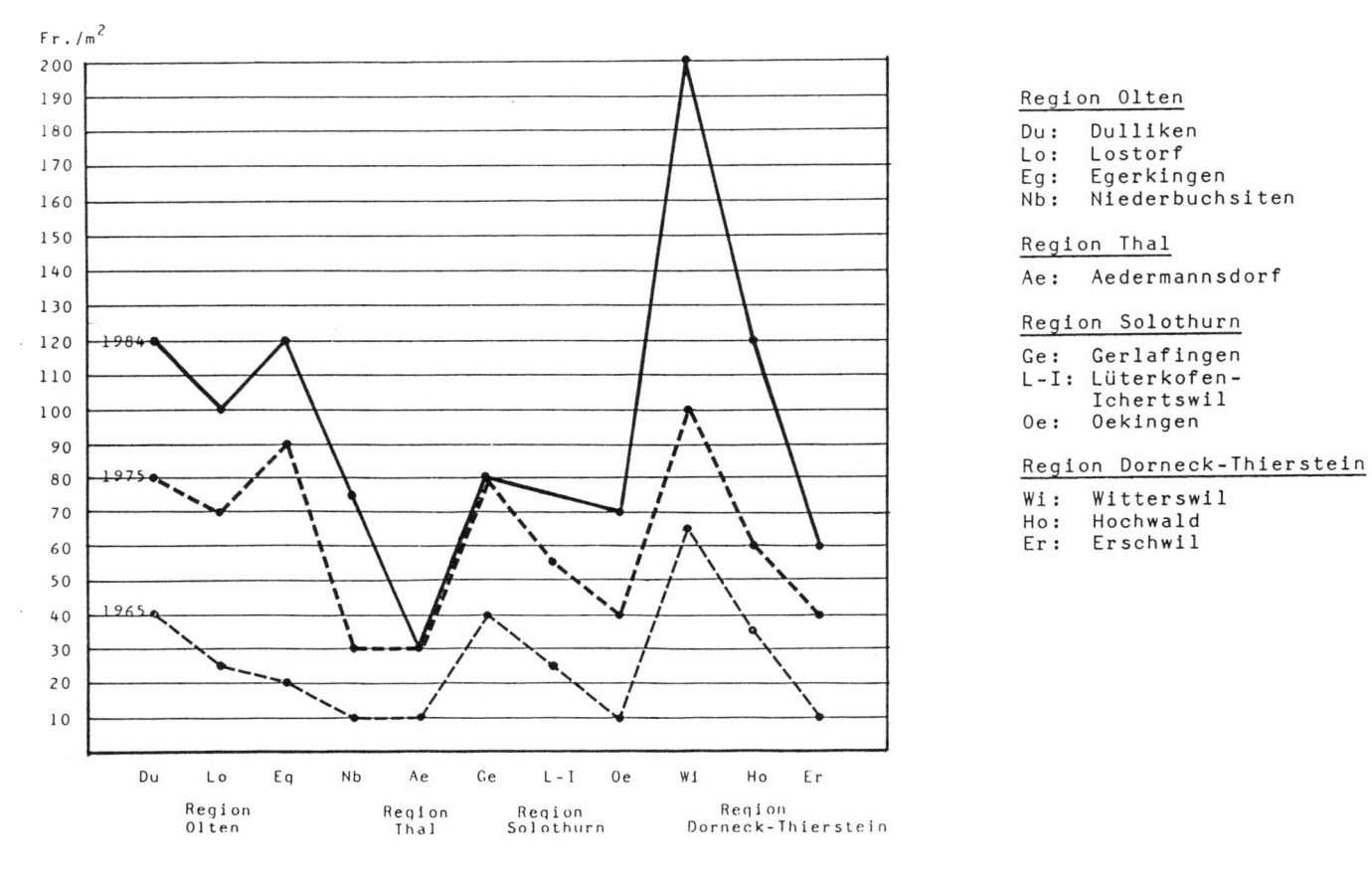

Region Olten

Du: Dulliken
Lo: Lostorf
Eg: Egerkingen
Nb: Niederbuchsiten

Region Thal

Ae: Aedermannsdorf

Region Solothurn

Ge: Gerlafingen
L-I: Lüterkofen-Ichertswil
Oe: Oekingen

Region Dorneck-Thierstein

Wi: Witterswil
Ho: Hochwald
Er: Erschwil

3.2.1.3 Verkehrsflächenanteil in der EFH-Z

In die Berechnung des zonenspezifischen Verkehrsflächenanteils der EFH-Z wurden nur diejenigen gebauten und geplanten Verkehrsflächen einbezogen, die hauptsächlich der Erschliessung dieser Zone dienen. Dazu zählen:

- Sammelstrassen
- Erschliessungsstrassen
- öffentliche Parkierflächen
- Privatstrassen

Die der Berechnung des Verkehrsflächenanteils zugrunde gelegte Siedlungsfläche umfasst die gesamte EFH-Z-Fläche, abzüglich der Hauptverkehrsstrassen und der Fläche für Bauten und Anlagen, welche durch die Hauptverkehrsstrassen erschlossen ist.

Erschlossene EFH-Z-Fläche	Verkehrsfläche	Verkehrsflächenanteil
414,03 ha	42,83 ha	10,3 %

Die Werte des Verkehrsflächenanteils in der EFH-Z weichen zwischen den einzelnen Testgemeinden zum Teil erheblich voneinander ab. Der grösste Unterschied besteht zwischen Dulliken mit knapp 12 % Verkehrsflächenanteil und Hochwald mit knapp 8 %. Als wichtigste Ursache für die teilweise grossen Unterschiede stellte sich die Parzellengrösse heraus.
Bei grossflächiger Parzellierung ist der Verkehrsflächenanteil wesentlich kleiner als bei kleinen Grundstücken.
(vgl. Abb. 11)

Abb. 11: Verkehrsflächenanteil in der EFH-Z in Abhängigkeit der Parzellengrösse

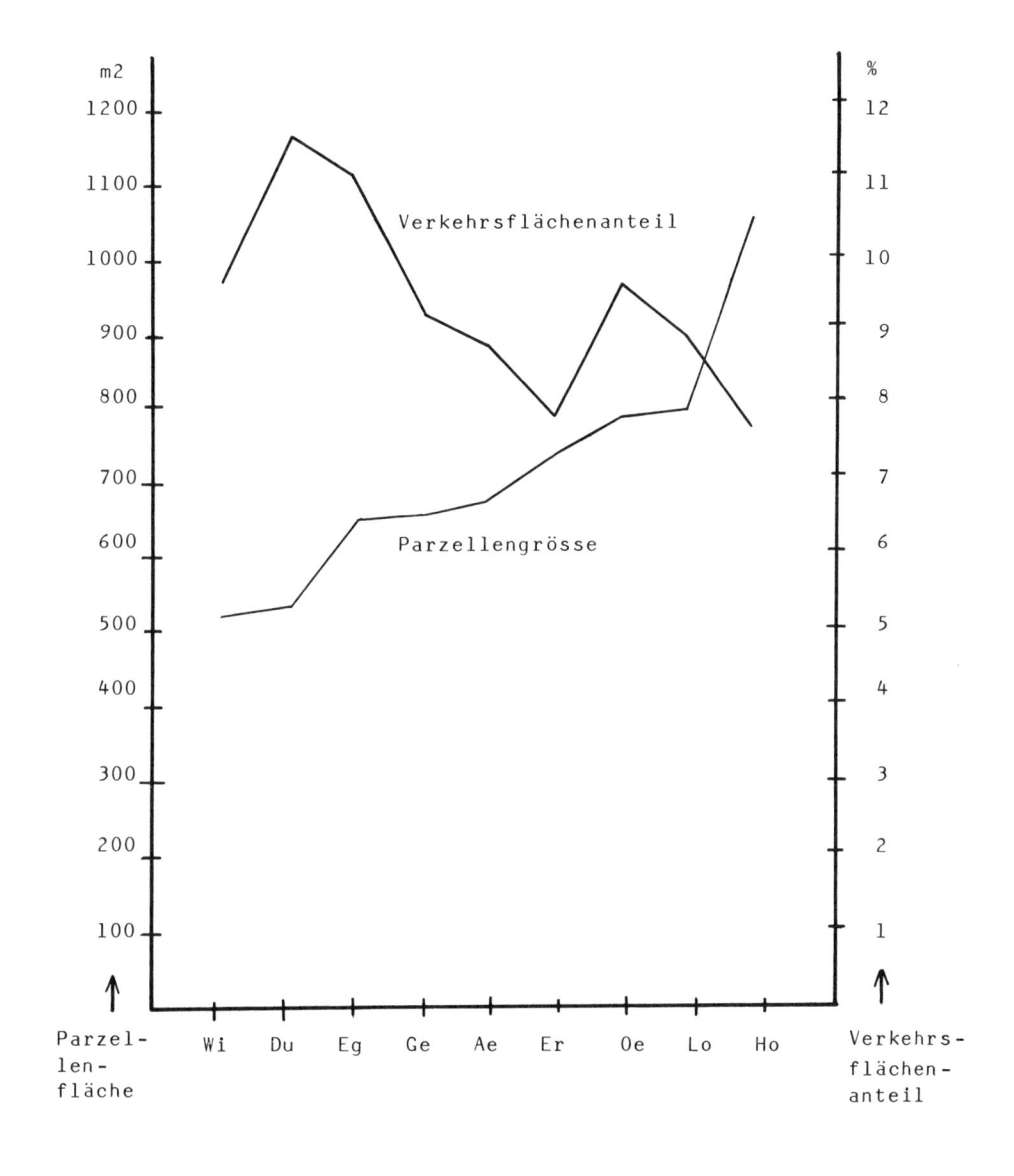

Daneben gibt es noch verschiedene andere Einflussfaktoren, die den Verkehrsflächenanteil in der EFH-Z der einzelnen Testgemeinden entscheidend mitbestimmen, so zum Beispiel die Strassenbreite, die Erschliessungstiefe sowie die Struktur des Strassennetzes.[61] Beim zuletzt genannten Faktor sollte die Erschliessung mittels Stichstrassen dem rasterförmigen Erschliessungsnetz unbedingt vorgezogen werden (vgl. Abb. 12).

---

61) Vgl. Verkehrserschliessung in Wohnquartieren, Materialien zur Raumplanung, EJPD Bern, 1985.

Abb. 12: Einfluss der Struktur des Strassennetzes
auf den Verkehrsflächenanteil in der EFH-Z

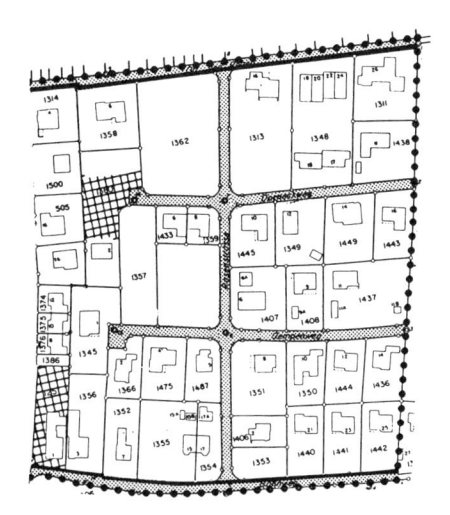

Stichstrassennetz

Verkehrsflächenanteil
an der erschlossenen
EFH-Z: 11,4 %

Bsp. aus Witterswil

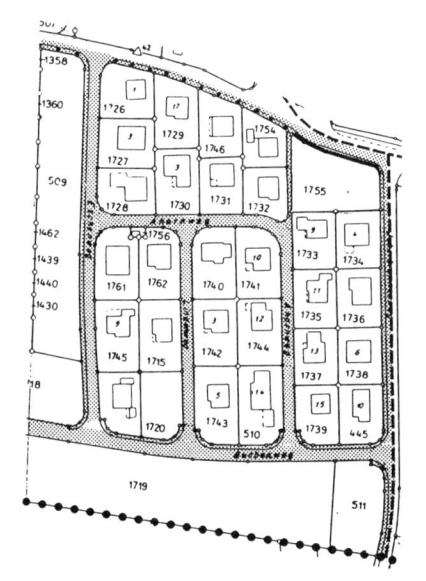

Rasterförmiges Strassennetz

Verkehrsflächenanteil
an der erschlossenen
EFH-Z: 17,4 %

Bsp. aus Dulliken

3.2.1.4 Reservefläche innerhalb der EFH-Z

a) Gesamte Flächenreserve für Bauten und Anlagen

Die Flächenreserve für Bauten und Anlagen der EFH-Z besteht aus der Flächensumme der unüberbauten Parzellen abzüglich der gebauten und geplanten Verkehrsflächen. Die Fläche des Mehrumschwungs wurde aufgrund ihrer stark eingeschränkten Verfügbarkeit[62] nicht der Reservefläche zugerechnet. Die Berechnung der Reservefläche für die drei Stichjahre basiert auf der gesamten EFH-Z-Fläche für Bauten und Anlagen gemäss dem analysierten Zonenplan und den durch Bauten und Anlagen genutzten EFH-Z-Flächen der Jahre 1960, 1970 und 1980.

---

62) In mehreren Gemeinden gab es im untersuchten Zeitabschnitt eine Ueberbauung von Mehrumschwungsflächen. Gemessen an der gesamten Grundstückzahl mit Mehrumschwung waren diese Fälle jedoch selten.

Abb. 13: Flächenreserve für Bauten und Anlagen innerhalb der EFH-Z von 1960, 1970 und 1980
(Fläche in Hektaren)

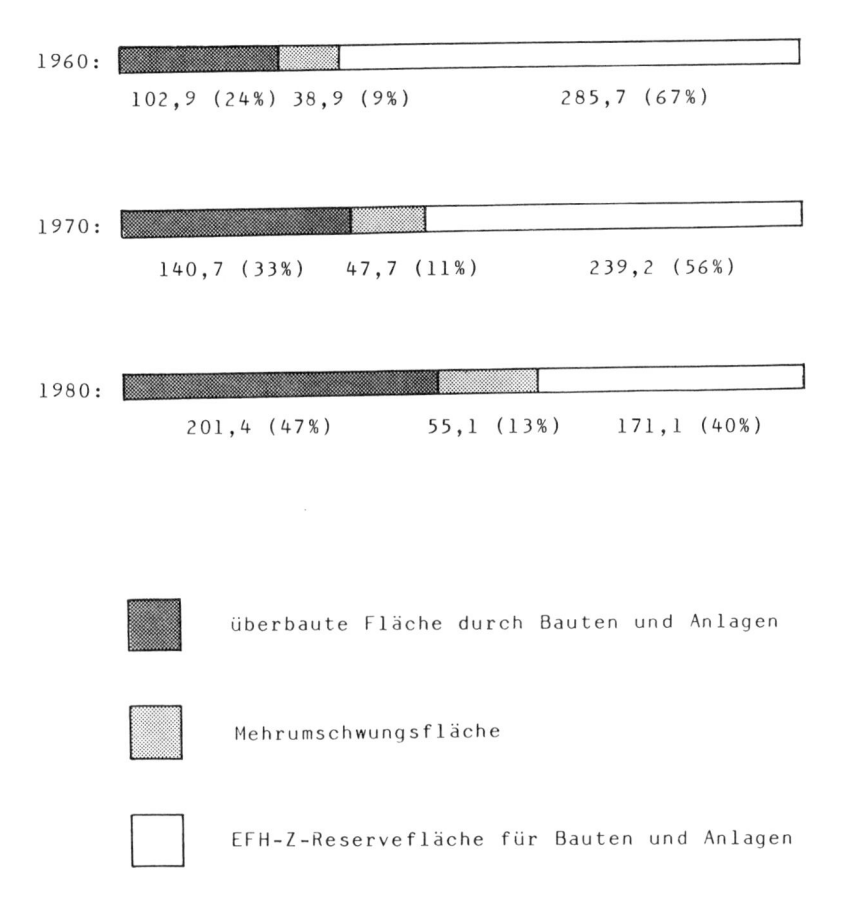

1960:
102,9 (24%)   38,9 (9%)   285,7 (67%)

1970:
140,7 (33%)   47,7 (11%)   239,2 (56%)

1980:
201,4 (47%)   55,1 (13%)   171,1 (40%)

■ überbaute Fläche durch Bauten und Anlagen

▨ Mehrumschwungsfläche

☐ EFH-Z-Reservefläche für Bauten und Anlagen

b) Zeitliche Flächenreserve

Berechnet man die zeitliche Bauzonenreserve, so gerät man zwangsläufig in den Bereich der Spekulation: Der zukünftige Flächenverbrauch kann nämlich auch mit noch so verfeinerten Methoden nicht verlässlich genug bestimmt werden, da die Verfügbarkeit der Parzellen, eine der wichtigsten Determinanten der Bautätigkeit, sich nämlich als gravierender Unsicherheitsfaktor bei der Vorausbestimmung des Flächenverbrauchs darstellt. Deshalb verzichteten wir darauf, mit einem weiteren Modell eine möglichst genaue Flächenverbrauchsprognose stellen zu wollen. Um die vorhandenen EFH-Z-Flächenreserven beurteilen zu können, vergleichen wir diese mit dem berechneten Flächenverbrauch zwischen 1960 und 1980. Aufgrund der verschiedenen Ueberbauungsrhythmus in den beiden analysierten Dezennien schien es uns sinnvoll, zwei getrennte Berechnungen anzustellen.

1. Zeitliche EFH-R-Reserve gemäss dem Ueberbauungsrhytmus zwischen 1961 - 1970

   - EFH-Z-Reservefläche für Bauten und Anlagen von 1980: 171,1 ha
   - EFH-Z-Verbrauch durch Bauten und Anlagen zwischen 1961 - 1970: 46,6 ha
   - Zeitliche EFH-Reserve für Bauten und Anlagen 1980: $\dfrac{171,1 \times 10}{46,6} = 36,7$

   37 Jahre
   ========

2. Zeitliche EFH-Z-Reserve gemäss dem Ueberbauungsrhythmus zwischen 1971 - 1980:

   - EFH-Z-Reservefläche für Bauten
     und Anlagen von 1980:   171,1 ha
   - EFH-Z-Verbrauch durch Bauten und
     Anlagen zwischen 1971 - 1980   68,1 ha
   - Zeitliche EFH-Z-Reserve für Bauten
     und Anlagen 1980: $\frac{171,1 \times 10}{68,1} = 25,1$

                                                                   25 Jahre

Von der Flächenreserve des Jahres 1960 wurden bis 1970
16 Prozent und bis 1980 40 Prozent überbaut. Die EFH-Z-
Flächenreserven der einzelnen Testgemeinden können den
Tabellen Seite 142 bis Seite 154 entnommen werden.
Die zeitliche EFH-Z-Reserven in den verschiedenen Testgemeinden weichen zum Teil erheblich voneinander ab.
Lüterkofen-Ichertswil und Gerlafingen waren im Erhebungs-
jahr die einzigen Testgemeinden, deren EFH-Z-Reservengrös-
se der gesetzlich vorgeschriebenen entsprach. Die zum Teil
viel zu grossen EFH-Z-Reserveflächen sind insofern erstaunlich, als die untersuchten Zonenpläne, mit Ausnahme des-
jenigen Dullikens, nach Inkraftsetzung des RPG revidiert
wurden.

Entsprechend dem Ueberbauungsrhythmus von 1961 - 1970 betrug die zeitliche EFH-Z-Reserve 1980 rund 37 Jahre und
gemäss dem Flächenverbrauch von 1971 - 1980 25 Jahre.
Gemessen an der gesetzlich festgelegten maximalen zeitlichen Bauzonenreserve von 15 Jahren muss die vorhandene
EFH-Z-Reserve der Testgemeinden gesamthaft als viel zu
gross bezeichnet werden. Dieser Schluss scheint uns eher
angebracht, da bei der EFH-Z-Reserve erstens der Mehrumschwung (versteckte Reserve) nicht eingerechnet wurde
und der zeitlichen Berechnung zweitens der Flächenverbrauch
der eigentlichen Einfamilienhaus-Baubooomzeit der siebziger
Jahre zugrunde gelegt wurde.

Die zeitliche EFH-Z-Reserve der einzelnen Gemeinden wurde
aufgrund des aktuellsten erfassten Ueberbauungsstandes errechnet (Jahr in Klammern, hinter den Testgemeindenamen
angegeben).

Tab. 8: <u>Zeitliche Flächenreserve für Bauten und Anlagen innerhalb der EFH-Z</u>

Gemeinde	Ueberbauungsrhythmus 1961 - 1970	Ueberbauungsrhythmus 1971 - 1980
Gerlafingen (1982)	31 Jahre	15 Jahre
Oekingen (1983)	107 Jahre	26 Jahre
Lüterkofen-Ichertswil (1982)	20 Jahre	11 Jahre
Dulliken (1982)	32 Jahre	30 Jahre
Lostorf (1983)	37 Jahre	27 Jahre
Egerkingen (1981)	45 Jahre	17 Jahre
Niederbuchsiten (1980)	59 Jahre	64 Jahre
Aedermannsdorf (1982)	--	64 Jahre
Witterswil (1983)	20 Jahre	18 Jahre
Hochwald (1983)	70 Jahre	31 Jahre
Erschwil (1982)	68 Jahre	64 Jahre

3.2.1.5 Haushalts- und einwohnerspezifischer EFH-Z-Verbrauch durch Bauten und Anlagen

Der zahlenmässig grösste Teil der Haushaltungen und Einwohner innerhalb der Bauzone entfällt auf die EFH-Z:

	Anzahl Haushaltungen	Prozentualer Anteil innerhalb Bauzone	Anzahl Einwohner	Prozentualer Anteil innerhalb Bauzone
1960:	1 776	51	6 666	52
1970:	2 249	47	7 882	48
1980:	2 908	49	8 675	50

Im Vergleich zur Haushaltungs- und Einwohnerzahl stieg der Flächenverbrauch innerhalb der EFH-Z viel stärker. Diese divergierende Entwicklung ist in Abb. 14 gut ersichtlich.

Der EFH-Z-Verbrauch pro Haushalt steigerte sich von 1960 - 1980 um 24 Prozent und jener pro Einwohner um 55 Prozent.
In Abb. 15 ist diese Zunahme mässstäblich wiedergegeben.[63]

---

63) Vgl. Abb. 14 mit Abb. 22 Seite

Abb. 14: Prozentuale Zunahme der durch Bauten und Anlagen genutzten EFH-Z-Fläche im Vergleich zum relativen Haushaltungs- und Einwohnerzuwachs zwischen 1960 - 1980

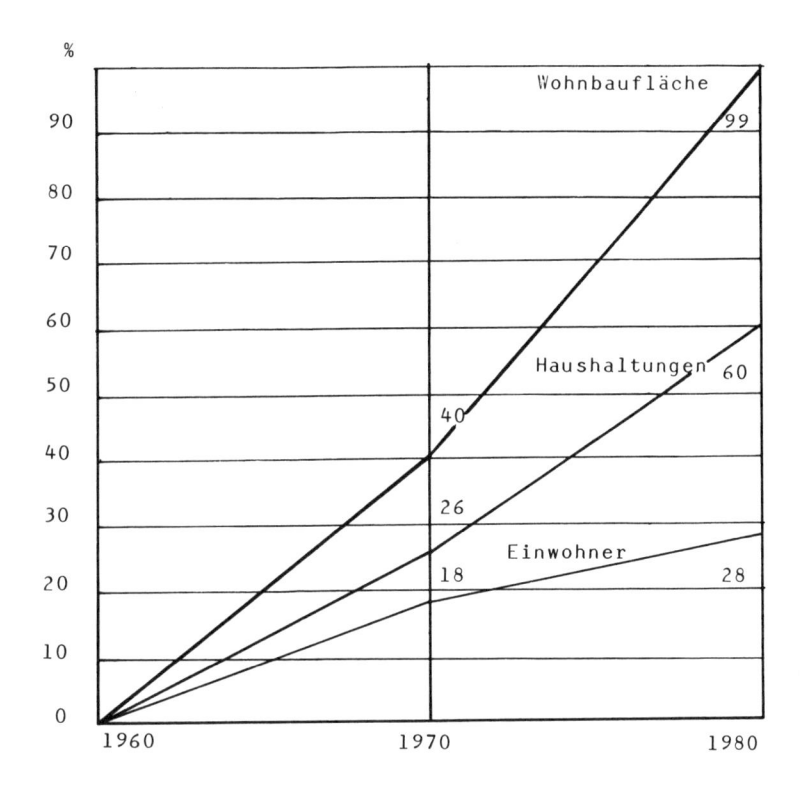

Abb. 15: Entwicklung des EFH-Z-Verbrauchs durch Bauten und Anlagen pro Haushalt und Einwohner

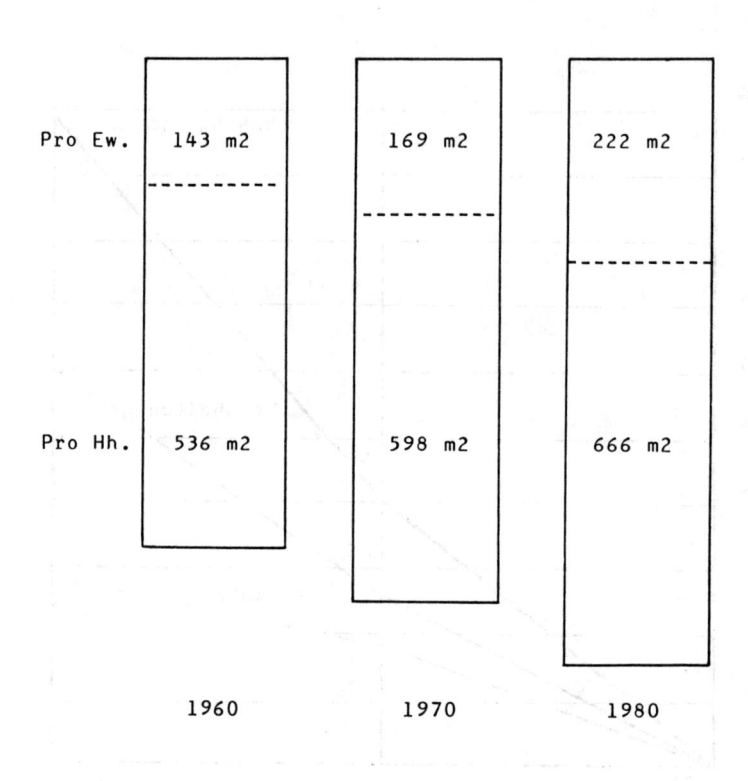

	1960	1970	1980
Pro Ew.	143 m2	169 m2	222 m2
Pro Hh.	536 m2	598 m2	666 m2

Als Hauptursachen für die sinkende Haushaltungs- und Einwohnerdichte stellten sich heraus:

a) Abnehmende Zahl der Haushaltungen pro Wohngebäude

Das Zahlenverhältnis Wohngebäude/Haushaltungen veränderte sich von 1960 - 1980 wie folgt:

	Wohngebäude/Haushaltungen
1960:	1 : 1,38
1970:	1 : 1,25
1980:	1 : 1,14

Die Verringerung der durchschnittlichen Haushaltungszahl pro Gebäude erklärt sich in erster Linie durch die wachsende numerische Dominanz der Einfamilienhäuser gegenüber den Zwei- und Dreifamilienhäusern: Von den 1 141 Wohngebäuden, die zwischen 1961 und 1980 zonengerecht erstellt wurden, waren lediglich deren zwanzig (2 %) Zweifamilienhäuser. Dreifamilienhäuser wurden überhaupt keine gebaut.

b) Sinkende Haushaltsgrösse

Die Personenzahl pro Haushalt sank innerhalb der analysierten zwanzig Jahre um zwanzig Prozent.

	Personen pro Haushalt
1960:	3,76
1970:	3.53
1980:	3,00

Bei der Ermittlung der gebäudespezifischen Einwohnerzahl stellte sich heraus, dass die Haushaltsgrössen bei zunehmendem Gebäudealter stark abnehmen.

Es gibt dafür im wesentlichen zwei Gründe:
Zum einen der Wegzug der Kinder, und zum andern der Tod
eines Elternteils. So kann eine Wohnung längere Zeit unterbelegt bleiben, bis wieder eine neue Generation einzieht.[64]
Anhand einer Detailuntersuchung in Egerkingen wurde versucht, den zeitlichen Ablauf dieser Belegungsentwicklung
von Einfamilienhäusern zu erfassen.

In Anbetracht der Tatsache, dass die Mehrheit der Einfamilienhäuser nach 1960 gebaut wurden, muss angenommen werden,
dass die Einwohnerdichte in der EFH-Z auch in Zukunft noch
weiter absinken wird.

---

64) Vgl. A. Suter, 1981: 15 - 16

Abb. 16: Haushaltungs- und Einwohnerdichte in Abhängigkeit des Gebäudealters in der EFH-Z von Egerkingen

	1960	1970	1980
Haushaltungszahl:	212	198	177
Einwohnerzahl:	766	692	530
Haushaltungszahl pro Gebäude:	1,4	1,3	1.2
Einwohner pro Haushalt:	3,6	3,5	3,0

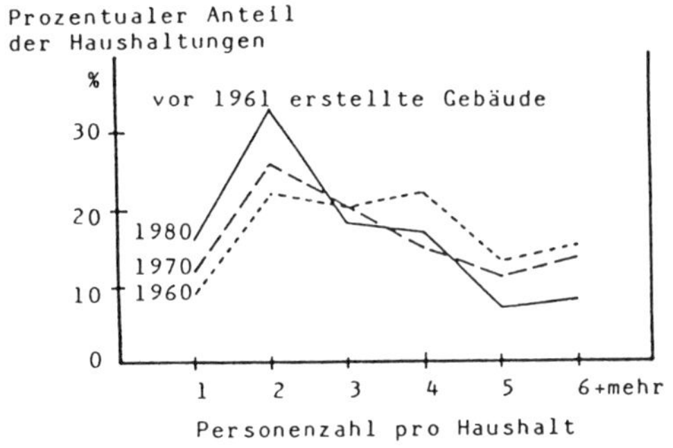
Prozentualer Anteil der Haushaltungen
%
vor 1961 erstellte Gebäude
30
20
10
0
1980
1970
1960
1
2
3
4
5
6+mehr
Personenzahl pro Haushalt

	1970	1980
Haushaltungszahl:	48	43
Einwohnerzahl:	207	160
Haushaltungszahl pro Gebäude:	1,2	1,0
Einwohner pro Haushalt:	4,3	3,7

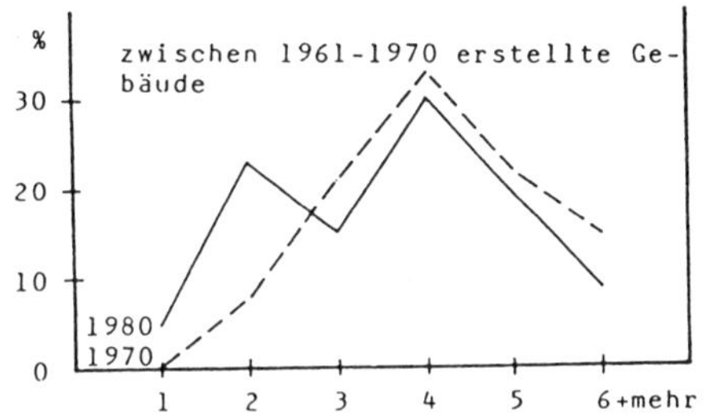
%
zwischen 1961-1970 erstellte Gebäude
30
20
10
0
1980
1970
1
2
3
4
5
6+mehr

	1980
Haushaltungszahl:	65
Einwohnerzahl:	240
Haushaltungszahl pro Gebäude:	1,1
Einwohner pro Haushalt:	3,7

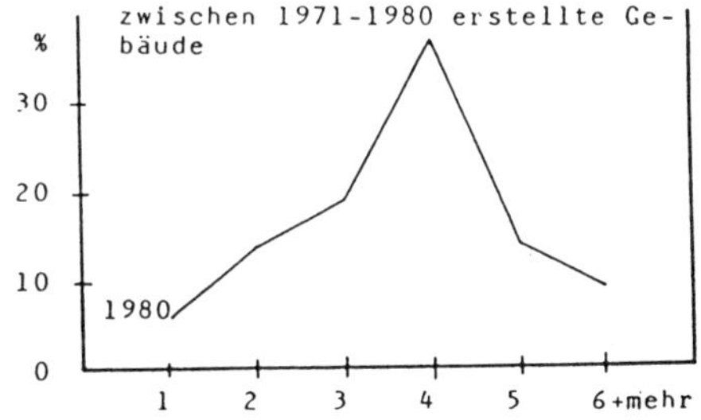
%
zwischen 1971-1980 erstellte Gebäude
30
20
10
0
1980
1
2
3
4
5
6+mehr

3.2.2 Mehrfamilienhauszone (MFH-Z)

Zur Mehrfamilienhauszone wurden die drei- und mehrgeschossigen Wohn- und Wohn-Gewerbezonen zusammengefasst. Es sind dies:

    W3: Dreigeschossige Wohnbauten
    W4: Vier- und mehrgeschossige Wohnbauten
    WG3: Dreigeschossige Wohn-Gewerbebauten

Für die Zuteilung der gemischt genutzten WG3 zur MFH-Z waren dieselben Gründe massgeblich, die bereits bei der Zuordnung der WG2 zur EFH-Z ausschlaggebend waren. Auch die WG3 ist faktisch in erster Linie eine Wohnzone. Eine Ausnahme machten wir in der Testgemeinde Dulliken, wo ein Teil einer WG3 angesichts ihrer reinen industriellen Nutzung der IG-Z zugeordnet wurde. Von den zwölf Testgemeinden sind sieben im Besitz einer MFH-Z. In vier der sieben Gemeinden ist die MFH-Z von ihrer Grösse her jedoch unbedeutend.

Tab. 9: Flächengrösse der MFH-Z
(Fläche in Hektaren, Anteil in Prozenten)

Gemeinde	MFH-Z-Fläche	Anteil an der Wohnzone
Gerlafingen	34,04	38
Oekingen	1,23	5
Dulliken	41,56	42
Lostorf	1,22	1
Egerkingen	10,22	16
Niederbuchsiten	1,40	5
Erschwil	0,80	3
Total	90,51	16

Gesamthaft sind nur gerade 16 Prozent der Wohnzone als MFH-Z ausgeschieden. Eine relativ grossflächige MFH-Z besitzen nur gerade die zentralen Wohn-Gewerbegemeinden Gerlafingen und Dulliken sowie die im Uebergangsbereich liegende Industrie-Gewerbegemeinde Egerkingen. In den übrigen vier Dörfern liegt der MFH-Z-Anteil an der Wohnzone bei maximal fünf Prozent.

3.2.2.1 Flächenverbrauch durch Bauten und Anlagen in der MFH-Z

a) Zonengerechte Bauten

Im Jahre 1960 besassen von den Testgemeinden erst die beiden damaligen Industriegemeinden Gerlafingen und Dulliken eigentliche Mehrfamilienhausquartiere. Die räumliche Konzentration der Arbeitsplätze führte in diesen beiden Dörfern schon früh zu einer Verdichtung des Wohnungsbaus. In den sechziger und siebziger Jahren breitete sich der Mehrfamilienhausbau auch auf den Uebergangsbereich aus. Sein Schwerpunktgebiet blieb jedoch, vom Sonderfall Egerkingen abgesehen, der zentrale Bereich. Um sich ein zutreffendes Bild vom Flächenverbrauch des Mehrfamilienhausbaus innerhalb der MFH-Z machen zu können, musste der Flächenverbrauch der zonengerechten Bauten isoliert betrachtet werden, da nämlich in eben dieser Zone der Anteil der zonenfremd überbauten Flächen auffallend gross ist.

Zwischen 1960 und 1980 vergrösserte sich die zonengerecht
genutzte Fläche in folgendem Ausmass:

	Fläche	Index	Anzahl MFH-Bauten
1960:	7,73 ha	100	40
1970:	18,52 ha	240	101
1980:	26,77 ha	346	138

Die errechnete relative Flächenzunahme des Mehrfamilienhausbaus kann unseres Erachtens nicht verallgemeinert werden. Um allgemeingültige Ergebnisse erhalten zu können, müsste zusätzlich eine Stadtgemeinde analysiert werden, in welcher der Mehrfamilienhausanteil bedeutend höher ist als in den Landgemeinden.

b) Zonenfremde Bauten

Als zonengerechte Bauten der MFH-Z gelangten zwei Kategorien zur Betrachtung: einerseits die Wohnbauten mit vier und mehr Wohnungen, andernseits die gemischt genutzten Gebäude, die ebenfalls mindestens vier Wohnungen aufweisen und im Minimum zur Hälfte der Bruttogeschossfläche des Gebäudes als Wohnraum dienen. Alle andersartigen baulichen Flächennutzungen wurden als zonenartfremd eingestuft. Ihre Gesamtfläche und ihr Anteil an der durch Bauten und Anlagen genutzten MFH-Z-Fläche weist in den drei Erhebungsjahren die folgenden Werte auf:

	zonenfremd genutzte Fläche	Anteil an der durch Bauten und Anlagen genutzten MFH-Z-Fläche:
1960:	15,27 ha	66 %
1970:	16,82 ha	48 %
1980:	17,59 ha	41 %

In der MFH-Z erweist sich der Flächenanteil der zonenartfremd genutzten Flächen als besonders gross. Dazu muss bemerkt werden, dass die meisten zonenartfremden Gebäude zu einer Zeit entstanden, als die Gemeinden noch über keine Zonenpläne verfügten. Nach 1960 wurden in der MFH-Z äusserst wenig zonenfremde Bauten errichtet. Von den insgesamt 117 neuerstellten Gebäuden waren 98 Mehrfamilienhäuser, 14 Einfamilienhäuser und 5 gewerblich-industriell genutzte Bauten. Der zonenartfremde Anteil an der von 1961 - 1980 überbauten MFH-Z-Fläche betrug lediglich zwölf Prozent. Daraus geht hervor, dass die MFH-Z, in welcher zonenvorschriftsgemäss auch Ein-, Zwei- und Dreifamilienhäuser sowie nicht störende Gewerbe- und Dienstleistungsbauten zugelassen sind, sich in zunehmendem Masse zu einer homogenen Wohnblockzone entwickelt. In Bezug auf die angestrebte bauliche Ordnung zeigt die Zonenplanung also auch hier grosse Wirkung, wie bereits in der EFH-Z festgestellt wurde.

3.2.2.2 Wohnungsspezifische Betrachtungen innerhalb der MFH-Z

Bei der MFH-Z ist es sinnvoller, die Entwicklung des Flächenverbrauchs pro Wohnung und nicht etwa pro Parzelle zu untersuchen. Ergebnisse zur Parzellengrösse könnten nämlich aufgrund der unterschiedlichen Wohnungszahlen pro Gebäude nur sehr schwer interpretiert werden. Im weiteren hat die Berechnung des wohnungsspezifischen Flächenverbrauchs beim Mehrfamilienhaus auch den Vorteil einer gemeinsamen Vergleichsbasis mit dem Flächenverbrauch beim Einfamilienhausbau.
Für die Berechnung des Flächenanspruchs pro Wohnung wurde die Summe der zonengerecht überbauten Grundstückflächen dividiert durch die Zahl der Wohnungen.

Abb. 17: Flächenverbrauch pro Wohnung bei Mehrfamilienhausbauten der Baualtersklassen bis 1960, 1961 - 1970 und 1971 - 1980

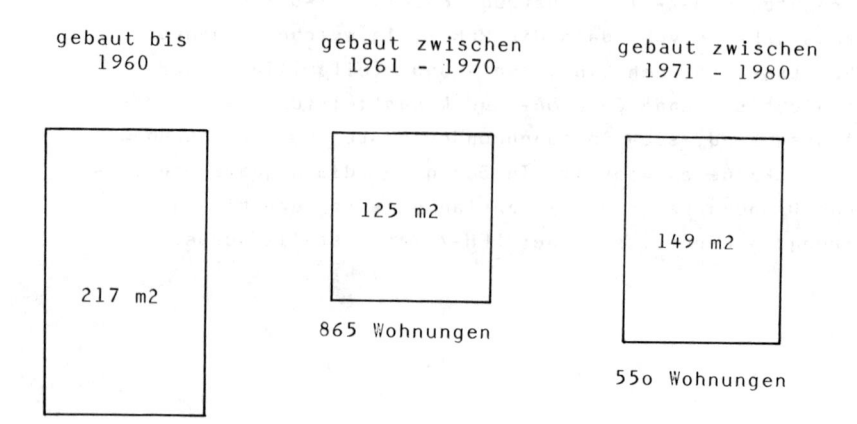

gebaut bis
1960

217 m2

355 Wohnungen

gebaut zwischen
1961 - 1970

125 m2

865 Wohnungen

gebaut zwischen
1971 - 1980

149 m2

550 Wohnungen

Der Wandel des Flächenverbrauchs pro Wohnung ist im wesentlichen auf folgende zwei Einflussfaktoren zurückzuführen:

a) Wandel der Wohnungsdichte beim Mehrfamilienhausbau

Die Wohnungsdichte beim Mehrfamilienhausbau stieg zwischen 1960 und 1970 stark an. Während die vor 1961 erstellten Mehrfamilienhäuser in der Regel grossen Umschwung (Pflanzgärten) aufweisen, nützen die Wohnblöcke aus den sechziger Jahren ihre Parzellenflächen mehrheitlich voll aus. In den siebziger Jahren wurde die Mehrfamilienhaus-Bauweise wieder etwas differenzierter. Die monotonen Wohnblockquartiere der sechziger Jahre, welche die in jener Zeit rasch wachsende Bevölkerung aufzunehmen hatte, war offenbar als Fehlentwicklung erkannt worden. Der Flächenanspruch der Mehrfamilienhäuser der drei differenzierten Baualtersklassen unterscheidet sich wie folgt:

Baualters-klasse	Flächenverbrauch pro Gebäude	pro Wohnung	pro Zimmer	Wohnungs-zahl pro Gebäude
bis 1960	1 982 m2	217 m2	74 m2	9
1961 - 1970	1 635 m2	125 m2	38 m2	13
1971 - 1980	2 012 m2	149 m2	42 m2	14

Abb. 18 zeigt den Wandel der Wohnungsdichte und Zimmerdichte bei den Mehrfamilienhausbauten aus den drei Baualtersklassen.

Abb. 18: <u>Wohnungs- und Zimmerdichte bei Mehrfamilienhäuser differenziert nach Baualtersklassen</u>

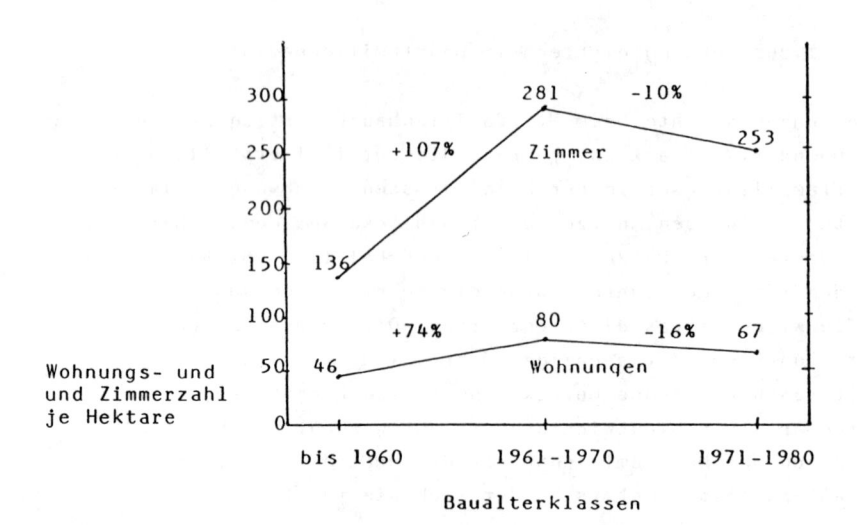

```
                           281      -10%
     300                    •─────────
                   +107%              ╲   253
     250                   Zimmer      •
     200
     150  136
          •
     100           +74%     80   -16%
                            •─────────  67
      50  46                             •
          •
       0
        bis 1960        1961-1970    1971-1980
                       Baualterklassen
```
Wohnungs- und
und Zimmerzahl
je Hektare

b) Veränderung der Zimmerzahl pro Wohnung

Beim Vergleich der Wohnungsgrössen (Zimmerzahl pro Wohnung)
zwischen den Mehrfamilienhäusern aus den drei Bauperioden
zeigt sich eine klare Tendenz von den Kleinwohnungen mit
einem, zwei oder drei Zimmern zu Grosswohnungen mit vier
und mehr Zimmern. Ueber die Entwicklung der Zimmergrössen
wird im Rahmen dieser Arbeit nicht eingegangen.

Abb. 19: Zimmerzahl pro Wohnung bei Mehrfamilienhäusern der drei Baualtersklassen bis 1960, 1961 - 1970 und 1971 - 1980

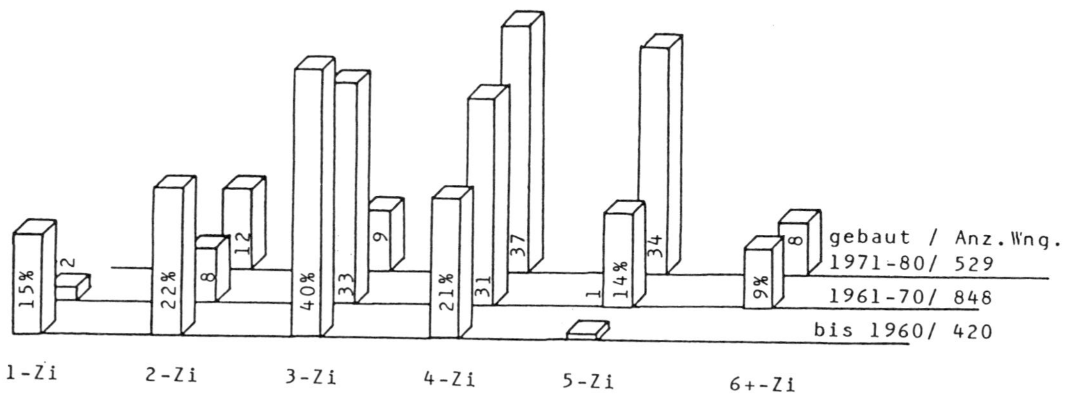

3.2.2.3 Verkehrsflächenanteil in der MFH-Z

Der Verkehrsflächenanteil in der MFH-Z wurde, gleich wie bei der EFH-Z, aufgrund des gebauten und zur Vollerschliessung der Zone geplanten Strassennetzes ermittelt. Diejenigen Strassen, die keine direkte Erschliessungsfunktion gegenüber der MFH-Z ausüben, wurden nicht eingerechnet.

MFH-Z-Fläche	anrechenbare Verkehrsfläche	Verkehrsflächen- anteil
90,51 ha	10,24 ha	11,3 %

Bei dem ermittelten Verkehrsflächenanteil gilt es zu bedenken, dass dieser nicht aufgrund homogen überbauter Mehrfamilienhausquartiere errechnet wurde, sondern auf der Grundlage realer Ueberbauungsverhältnisse der MFH-Z (hoher Fremdbautenanteil) basiert. Gemäss den Resultaten verschiedener Quartieranalysen im Kanton Solothurn[65] betragen die Verkehrsflächenanteile in reinen Mehrfamilienhausquartieren 10,4 bis 19,2 Prozent, dies je nach Ausnützungsziffer.

3.2.2.4 MFH-Z-Reserve für Bauten und Anlagen

Bei den Mehrfamilienhaus-Parzellen musste nicht differenziert werden zwischen dem baulich ausgenützten Grundstückanteil und der Mehrumschwungsfläche, da insgesamt 98 % der überbauten Mehrfamilienhaus-Parzellen baulich voll ausgenützt sind.

65) Vgl. Quartieranalyse, Raumplanungsamt Kt. Solothurn 1970: 7 - 10.

Die MFH-Z-Reserve setzt sich aus der gesamten unüberbauten MFH-Z-Fläche abzüglich des gebauten und geplanten Verkehrsnetzes zusammen.

Abb. 20: Flächenreserve für Bauten und Anlagen in der MFH-Z von 1960, 1970, 1980

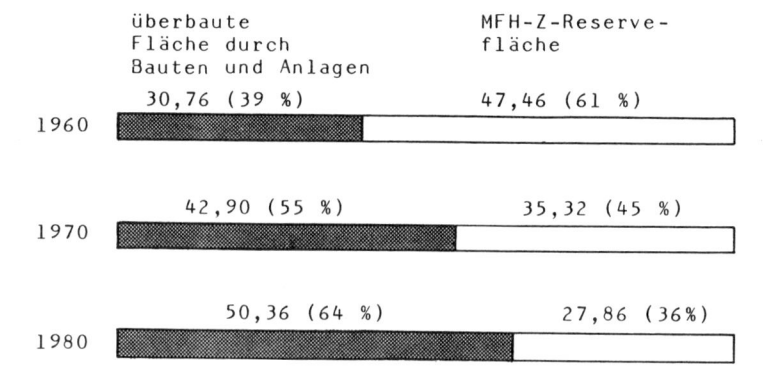

	überbaute Fläche durch Bauten und Anlagen	MFH-Z-Reservefläche
1960	30,76 (39 %)	47,46 (61 %)
1970	42,90 (55 %)	35,32 (45 %)
1980	50,36 (64 %)	27,86 (36 %)

Auf gleiche Weise wie bei der EFH-Z (vgl. Seite 76) ermittelten wir auch für die MFH-Z die zeitliche Flächenreserve für Bauten und Anlagen:

1. Berechnung der zeitlichen Flächenreserve in der MFH-Z aufgrund des Ueberbauungsrhytmus der sechziger Jahre:

    - MFH-Z-Flächenreserve für Bauten
      und Anlagen 1980:   27,86 ha
    - MFH-Z-Flächenverbrauch durch Bauten
      und Anlagen zwischen 1961 - 1970:   12,34 ha
    - Zeitliche MFH-Reserve für Bauten
      und Anlagen 1980: $\frac{27,86 \times 10}{12,34} = 22,5$

                                                              23 Jahre
                                                              ========

2. Berechnung der zeitlichen Flächenreserve in der MFH-Z aufgrund des Flächenverbrauchs zwischen 1971 - 1980:

    - MFH-Z-Flächenreserve für Bauten
      und Anlagen 1980:   27,86 ha
    - MFH-Z-Flächenverbrauch durch Bauten
      und Anlagen zwischen 1971 - 1980:   7,78 ha
    - Zeitliche MFH-Z-Reserve für Bauten
      und Anlagen 1980: $\frac{27,86 \times 10}{7,78} = 35,8$

                                                              36 Jahre
                                                              ========

Wie bei der EFH-Z, müssen auch die Reserveflächen der
MFH-Z gesamthaft als deutlich zu gross bezeichnet werden.
Dies gilt im besonderen, wenn unserer Berechnung der
Flächenverbrauch der siebziger Jahre zugrunde gelegt wird.
Die Ermittlung der zeitlichen Reserve für die Einzelgemeinden wurde für die gemeindespezifischen Nachführungsjahre
der analysierten Uebersichtspläne vorgenommen. Die Berechnung war jedoch nur für die Gemeinden Gerlafingen, Dulliken und Egerkingen sinnvoll; in den andern vier Gemeinden
war die Mehrfamilienhaus-Bautätigkeit in den beiden Bauperioden zu schwach, als dass eine realistische Prognose
hätte abgeleitet werden können.

Tab. 10: <u>Zeitliche Flächenreserve für Bauten und Anlagen
in der MFH-Z der Gemeinden Gerlafingen, Dulliken
und Egerkingen</u>

Gemeinde (erfasster zeitl. Ueberbauungsstand)	Zeitl. Reserve entsprechend dem Ueberbauungsrhythmus 1961 - 1970	Zeitl. Reserve entsprechend dem Ueberbauungsrhythmus 1971 - 1980
Gerlafingen (1982)	17 Jahre	48 Jahre
Dulliken (1982)	26 Jahre	41 Jahre
Egerkingen (1981)	19 Jahre	19 Jahre

Von den MFH-Z-Reserven der drei Gemeinden entspricht nach
unserer Berechnungsmethode einzig diejenige von Egerkingen der gesetzlich festgelegten Zeitreserve von 15
Jahren. In Gerlafingen und Dulliken liegen die Reserven
klar über dieser Zeitlimite. Die entsprechend dem Ueberbauungsrhythmus der sechziger Jahre ermittelte MFH-Z-Reserve von 17 Jahren für Gerlafingen ist aufgrund der völlig
veränderten wirtschaftlichen Verhältnisse in diesem Dorf
als Prognosengrundlage unrealistisch. Der Mehrfamilienhausbau der sechziger Jahre wurde dort nämlich noch überwiegend geprägt durch die Von Roll (vgl. Seite 21). Als
Berechnungsgrundlage des zukünftigen MFH-Z-Verbrauchs
dürfte daher der Ueberbauungsrhythmus der siebziger Jahre
zutreffender sein. In Dulliken muss die Reservefläche
sowohl aufgrund der Bautätigkeit der sechziger wie auch
der siebziger Jahre als überdimensioniert eingestuft werden.

3.2.2.5 Haushalts- und einwohnerspezifischer MFH-Z-Verbrauch

Der zweitgrösste Teil der Einwohner innerhalb der Bauzone
wohnt in der MFH-Z. Im Jahre 1960 zählte die Kern-Z allerdings noch mehr Einwohner und Haushaltungen.
Zwischen 1960 und 1980 nahm die Haushalts- und Einwohnerzahl in der MFH-Z massiv zu.

	Anzahl Haushaltungen	Prozentualer Anteil innerhalb der BZ	Anzahl Einwohner	Prozentualer Anteil innerhalb der BZ
1960:	508	15	1 721	13
1970:	1 337	28	4 371	27
1980:	1 839	31	5 183	30

Im Gegensatz zur EFH-Z fiel in der MFH-Z die relative Zunahme des Flächenverbrauchs in der untersuchten Zeitspanne kleiner aus als die relative Zunahme der Haushaltungen und Einwohner. Von 1970 bis 1980 blieb der Flächenverbrauch pro Haushaltung beinahe konstant, pro Einwohner jedoch steigerte sich dieser deutlich.

Abb. 21: Prozentuale Zunahme des Flächenverbrauchs der zonengerechten Bauten und Anlagen innerhalb der MFH-Z im Vergleich zur Haushaltungs- und Einwohnerzunahme

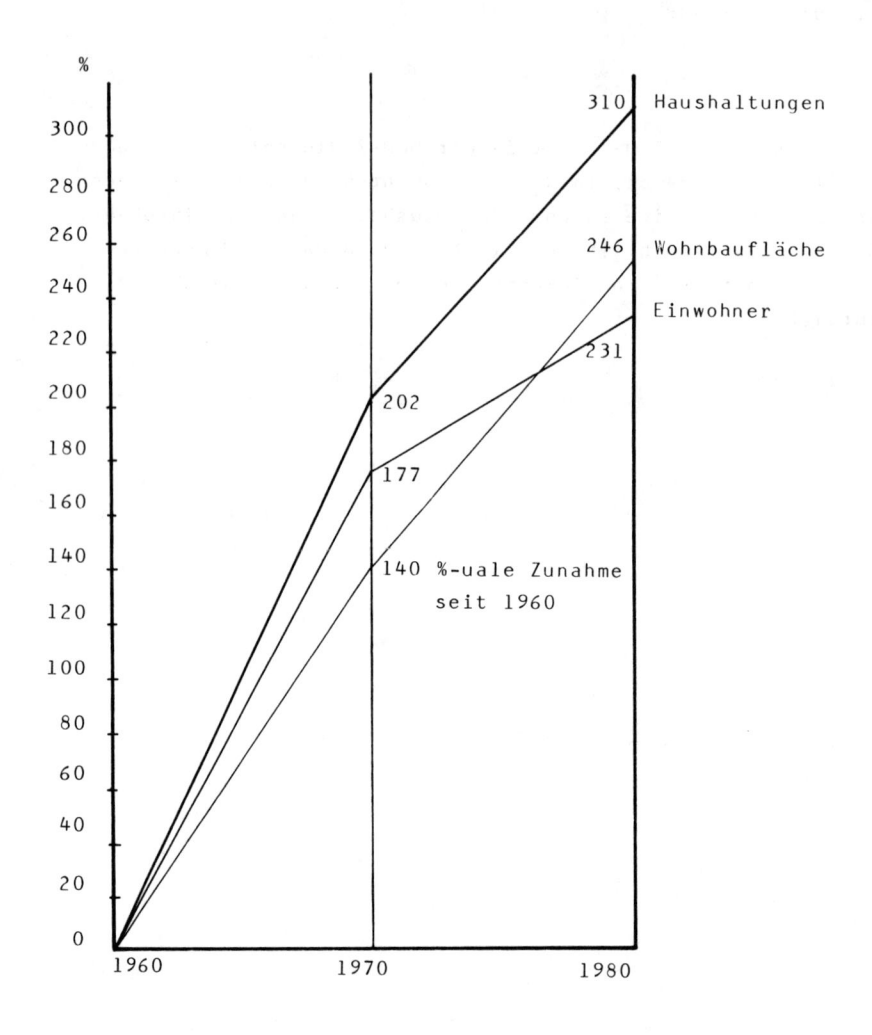

- 101 -

Zwischen 1961 - 1970 nahm bei Mehrfamilienhausüberbauungen die Haushaltungsdichte wie auch die Einwohnerdichte erheblich zu. Die Einwohnerdichte wurde jedoch etwas vermindert durch die gleichzeitige Verkleinerung der Haushaltsgrössen. In den siebziger Jahren verkleinerten sich die Einwohner- und Haushaltungsdichte minim, was primär der wachsenden Wohnungsgrösse und der anhaltenden Senkung der Haushaltungsgrösse zuzuschreiben ist. Zwischen 1960 und 1980 verringerte sich die Personenzahl pro Haushalt wie folgt:

	Personen pro Haushalt
1960:	3,45
1970:	3,19
1980:	2,78

In Abb. 22 ist der haushalts- und einwohnerspezifische Flächenverbrauch in der MFH-Z (nur zonengerechte Bauten) dargestellt:

Abb. 22: <u>Flächenverbrauch in der MFH-Z durch zonengerechte Bauten und Anlagen je Haushalt und Einwohner</u>

MFH-Zone	Pro Ew.	53 m2	46 m2	56 m2
	Pro Hh.	184 m2	146 m2	155 m2

Interessant ist der Vergleich von Abb. 22 mit der entsprechenden Darstellung für die EFH-Z (Abb. 15, Seite 82). Verglichen mit der EFH-Z, würde 1960 in der MFH-Z pro Haushalt und Einwohner rund dreimal weniger Fläche durch Bauten und Anlagen beansprucht.
1980 war das Verhältnis noch krasser. In der EFH-Z verbrauchte ein Haushalt oder ein Einwohner ungefähr viermal soviel Fläche wie in der MFH-Z.
Vergleicht man den Flächenverbrauch pro Wohnung mit jenem pro Haushalt in den drei Stichjahren, so wird deutlich, dass die Belegung der Wohnungen abgenommen hat.
Im Jahre 1960 war die Zahl der Haushaltungen nämlich grösser als jene der Wohnungen. In den Jahren 1970 und 1980 verhielt sich dies umgekehrt. Es gab zahlreiche Leerwohnungen.

3.2.3. Kernzonen (Kern-Z)

Als Kern-Z sind jene Ortsteile ausgeschieden, die bereits als Zentren bestehen oder als solche neu gebildet werden sollen. In dieser Zonenart ist die Errichtung öffentlicher Bauten, Geschäfts- und Wohnbauten sowie nichtstörender Gewerbe- und Dienstleistungsbetriebe erlaubt.[66] Die Kern-Z beansprucht mit rund 97 Hektaren den drittgrössten Flächenanteil der Bauzone (vgl. Seite 45). Letztere umfasst in elf der zwölf Testgemeinden den alten Kern des Dorfes. Nur in Dulliken wurde diese Zonenart abseits des ehemaligen landwirtschaftlichen Dorfkerns, ungefähr mit Mittelpunkt des heutigen Siedlungsgebietes, zur Bildung eines Dienstleistungskerns, ausgeschieden.

3.2.3.1 Flächenverbrauch durch Bauten und Anlagen innerhalb der Kern-Z

In der Kern-Z war zwischen 1960 und 1980 der Flächenverbrauch durch Bauten und Anlagen weitaus am kleinsten aller Zonenarten. In dieser Zeitspanne wurden gesamthaft in den zwölf Testgemeinden lediglich 3,95 Hektaren Kern-Z-Fläche überbaut, was einem Zuwachs von sieben Prozent entspricht. In einzelnen Gemeinden änderte sich die durch Bauten und Anlagen genutzte Kern-Z-Fläche überhaupt nicht, oder im Falle Witterswil nahm die überbaute Kern-Z-Fläche durch einen Gebäudeabbruch sogar um vier Aren ab (vgl. Tab. 38, Seite 165).[67]

---

66) Vgl. Baugesetz Kanton Solothurn, 1978: § 31.
67) Die Flächenveränderungen durch Gebäudeabbruch wurden ebenfalls erfasst. Diese sind jedoch aufgrund ihres bescheidenen Ausmasses für die gesamte Flächenbilanz der Zonenarten absolut irrelevant. Im weiteren hat sich gezeigt, dass Parzellen von Abbruchobjekten fast ausnahmslos wieder rasch überbaut wurden. Damit wird die allgemein bekannte Tatsache bestätigt, dass einmal überbauter Boden immer überbauter Boden bleibt.

In der Kern-Z weit interessanter zu betrachten als die additiven Siedlungsveränderungen, wäre der mutative Siedlungswandel.[68] Dieser ist in der Kern-Z besonders verbreitet anzutreffen. Da eine exakte Datierung der Gebäudeumnutzungen infolge fehlender Grundlagen unmöglich war, mussten wir uns auf die Kartierung und flächenmässigen Erhebung der aktuellen Nutzungsstruktur beschränken.

Wir unterschieden dabei folgende drei bauliche Nutzungen:

- landwirtschaftsbauliche Nutzung
- wohnbauliche Nutzung
- gewerbliche- und industrielle Nutzung

Die gemischt genutzten Gebäude wurden auch in der Kern-Z jener Nutzung zugeteilt, die den grössten Bruttogeschossflächenanteil beansprucht.

---

68) G. Knorr unterscheidet zwei Gruppen von Siedlungsveränderungen: Als mutative Siedlungsveränderungen versteht er jene am überkommenen Baubestand und als additive jene der Erweiterung nach aussen, bzw. die Reduzierung des Baubestandes durch Abbruch.

Die flächendominierende Nutzung in der Kern-Z ist das
Wohnen. Niederbuchsiten und Lüterkofen-Ichertswil sind
die einzigen Testgemeinden, in denen in der Kern-Z
weniger als 50 Prozent der durch Bauten und Anlagen genutzten
Fläche dem Wohnen dienen. Der Anteil der landwirtschaftsbaulich
genutzten Flächen ist einzig noch
in Niederbuchsiten grösser als 50 Prozent. Dazu muss
jedoch bemerkt werden, dass in den Untersuchungsgemeinden
Oekingen und Lüterkofen-Ichertswil bei der letzten
Zonenplanrevision die Landwirtschaftsbetriebe zum Teil
ausgezont wurden. In Oekingen konnte dadurch die Bauzonenfläche
erheblich verkleinert werden. Die gewerblich-industriell
genutzten Flächen innerhalb der
Kern-Z beanspruchen gesamthaft am wenigsten Fläche.
In sechs Gemeinden sind diese jedoch bereits grösser
als diejenigen der Landwirtschaftsbauten (vgl. Tab. 11).

3.2.3.2 Verkehrsflächenanteil in der Kern-Z

Beim Verkehrsflächenanteil in der Kern-Z bestehen zwischen
den einzelnen Dörfern sehr grosse Unterschiede. Dabei weisen
die Kern-Z der grösseren Gemeinden, in denen der Anteil
der Dienstleistungsbetriebe höher ist, eine verhältnismässig
grössere Verkehrsfläche auf (breite Erschliessungsstrassen,
Parkierflächen) als in denjenigen Gemeinden,
in welchen das landwirtschaftliche Element noch verbreitet
ist. Am höchsten ist der Verkehrsflächenanteil
in der Kern-Z von Dulliken. Er beträgt hier 25 Prozent.
Der kleinste Anteil wurde für die zwei Gemeinden Witterswil
und Hochwald erhoben. Er erreicht in diesen beiden
dicht bebauten Kern-Z nur zehn Prozent.

Tab. 11: <u>Flächenanteile der Wohn-, Landwirtschafts- und Industrie-Gewerbebauten in der Kern-Z</u>
(Angaben in Prozenten)

Gemeinde (Erhebungsjahr)	Flächenanteile der drei baulichen Nutzungen		
	Wohnen	Landwirtschaft	Industrie-Gewerbe
Gerlafingen (1982)	69	3	28
Oekingen (1983)	59	19	22
Lüterkofen-Ichertswil (1982)	49	29	22
Oberramsern (1982)	65	26	9
Dulliken (1982)	84	-	16
Lostorf (1983)	69	15	16
Egerkingen (1981)	60	11	29
Niederbuchsiten (1982)	35	54	11
Aedermannsdorf (1982)	78	10	12
Witterswil (1983)	69	28	3
Hochwald (1983)	52	38	10
Erschwil (1982)	72	14	14
Ø Testgemeinden (1981-1983)	63	21	16

3.2.3.3 Flächenreserve für Bauten und Anlagen
innerhalb der Kern-Z

Der Ueberbauungsgrad der Kern-Z ist sehr hoch. 1980 betrug der Flächenanteil der unüberbauten Parzellen nur noch elf Prozent.[69] Den grössten überbauten Flächenanteil besitzt Gerlafingen mit 99 Prozent, den geringsten verzeichnete Oekingen mit 71 Prozent. Weit grösser in der Kern-Z als die Gesamtfläche der freien Parzellen ist das Total der Mehrumschwungsflächen, welches 1980 16 Prozent der Kern-Z-Fläche für Bauten und Anlagen betrug. In den Gemeinden Gerlafingen, Oberramsern, Egerkingen und Aedermannsdorf ist der Mehrumschwungsanteil mit 24 - 31 Prozent noch wesentlich höher. Bei den Mehrumschwungsflächen handelt es sich in der Mehrheit um Hofstatt-Flächen von Bauernhäusern sowie um übergrosse Umschwungsflächen umgenutzter Landwirtschaftsbauten.

69) Der hohe Ueberbauungsgrad dürfte ein wesentlicher Grund sein für die schwache Bautätigkeit in der Kern-Z.

Abb. 23: Flächenreserve für Bauten und Anlagen in der Kern-Z
(Flächenangaben in Hektaren)

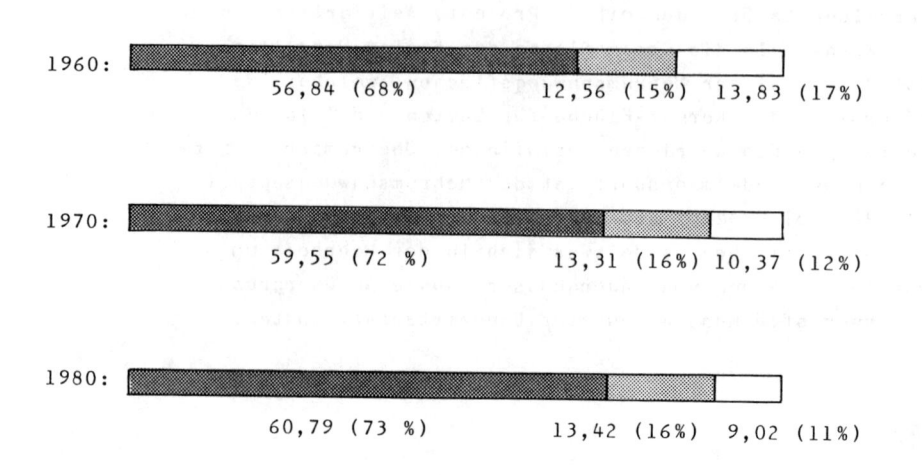

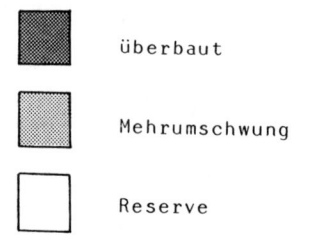

1960:   56,84 (68%)   12,56 (15%)   13,83 (17%)

1970:   59,55 (72 %)   13,31 (16%)   10,37 (12%)

1980:   60,79 (73 %)   13,42 (16%)   9,02 (11%)

- überbaut
- Mehrumschwung
- Reserve

3.2.3.4 Haushalts- und Einwohnerdichte in der Kern-Z

Entgegen der Zunahme der Wohnbaufläche innerhalb der Kern-Z zwischen 1960 und 1980 nahm dort die Bevölkerungszahl in der gleichen Zeit von 3 863 auf 2 889, also um 25 Prozent, ab. Die Haushaltungszahl verringerte sich jedoch nur von 1 070 auf 1 030 (- 4%). Daraus wird offensichtlich, dass sich die durchschnittliche Haushaltsgrösse in der Kern-Z massiv verkleinerte. Sie veränderte sich innerhalb der zwei Jahrzehnte wie folgt:

	Personen pro Haushalt
1960:	3,6
1970:	3,3
1980:	2,8

Die durchschnittlichen Haushaltungsgrössen in den Kernzonen variieren zwischen den einzelnen Testgemeinden beträchtlich. In den verstädterten Gemeinden Gerlafingen und Dulliken waren sie mit 2,3 bzw. 2,6 Personen viel kleiner als in den bäuerlichen Dörfern Niederbuchsiten oder Lüterkofen-Ichertswil mit 4,6 bzw. 3,6 Personen (vgl. Tab. 12). Die Ausdehnung der Wohnbaufläche und die massive Abnahme der Haushaltungsgrössen wirkte sich auf die Haushaltungs- und vor allem auf die Einwohnerdichte in der Kern-Z ganz erheblich aus. In den zwölf Testgemeinden zusammengefasst errechneten wir für 1960, 1970 und 1980 folgende Dichtewerte:

	Haushaltungsdichte Hh. pro ha	Einwohnerdichte Einw. pro ha
1960:	19	68
1970:	17	58
1980:	17	48

Die grossen Unterschiede in der Haushaltungs- und Einwohnerdichte zwischen den landwirtschaftlichen Kern-Z niederer Baudichte (ein-, zweigeschossig) und den Dienstleistungs-Kern-Z mit hoher Baudichte (drei-, viergeschossig) gehen aus Tab. 12 hervor:

Tab. 12: <u>Entwicklung der Haushaltungs- und Einwohnerdichte in den Kern-Z von Gerlafingen, Lüterkofen-Ichertswil, Dulliken und Niederbuchsiten zwischen 1960 - 1980</u>

Gemeinde	Haushaltunsdichte: (Hh. pro ha überbaute Kern-Z-Fläche)			Einwohnerdichte: (Einw. pro ha überbaute Kern-Z-Fläche)		
	1960:	1970:	1980:	1960:	1970:	1980:
Gerlafingen	36	32	33	123	102	75
Lüterkofen-Ichertswil	9	8	8	36	31	29
Dulliken	32	30	28	105	92	70
Niederbuchsiten	8	9	8	35	38	32

3.2.4 Industrie- und Gewerbezone (IG-Z)

Da unsere Zielsetzung primär auf den Flächenverbrauch orientiert ist, war eine getrennte Betrachtung der Industrie- und Gewerbezone nicht notwendig. Gemäss kantonalem Baugesetz unterscheiden sich die beiden Zonen im wesentlichen nur durch den zulässigen Emissionsgrad.[70] Während in der Industriezone Industrie- und Gewerbebetriebe ohne grundsätzliche Emissionseinschränkungen und betriebsnotwendige Wohnungen erlaubt sind, dürfen in der Gewerbezone nur solche Gewerbe-, Dienstleistungs- und Industriebetriebe errichtet werden, die nicht wesentlich stören. Ebenfalls zulässig sind betriebsnotwendige Wohnungen. Von den zwölf Testgemeinden verfügen neun über IG-Zonen. In bezug auf die Flächengrösse sind die IG-Z jedoch nur in den Gemeinden Gerlafingen, Dulliken, Lostorf, Egerkingen und Niederbuchsiten von Bedeutung (vgl. Tab. 16 bis 27).

3.2.4.1 Flächenverbrauch durch Bauten und Anlagen in der IG-Z zwischen 1960 - 1980

Mit knapp 27 Hektaren (+ 54 %) war der Flächenverbrauch in der IG-Z in den beiden Jahrzehnten der zweitgrösste aller Zonenarten. Von den 27 Hektaren entfallen jedoch 15,73 Hektaren (59 %) alleine auf Egerkingen. Die wirtschaftliche Standortgunst am Autobahnkreuz führte in diesem Dorf zu einem Flächenverschleiss, der in geradezu erschreckendem Ausmass bestes Landwirtschaftsland in seinen Sog zog.[71]

---

70) Gemäss Baugesetz Kanton Solothurn, 1978, § 32 + 33
71) Vgl. H. Staub: Von der Kornkammer zum Lagerhaus? In: Raumplanung 2/86: 5-8.

Am zweitgrössten war der IG-Z-Verbrauch in Dulliken.
Hier wurden 10,54 Hektaren überbaut, was 39 Prozent
des gesamten IG-Z-Verbrauchs entspricht. In den restlichen Dörfern war der Flächenverbrauch innerhalb der
IG-Z relativ klein. Durch den Abbruch von Fabrikhallen
des Von Roll'schen Eisenwerkes verringerte sich in Gerlafingen die überbaute IG-Z-Fläche um 2,53 Hektaren.
Der zonenfremd genutzte Flächenanteil ist in der IG-Z
äusserst gering. 1960 betrug er 5 und 1980 4 Prozent
der durch Bauten und Anlagen genutzten IG-Z-Fläche.

3.2.4.2 Reservefläche für Bauten und Anlagen innerhalb der IG-Z von 1980

Die Reservefläche der IG-Z (59,38 ha) kann im Vergleich
zur überbauten IG-Z-Fläche (77,36 ha) als sehr gross bezeichnet werden. Die IG-Z-Reserve ist jedoch sehr einseitig verteilt. Die beiden Gemeinden Dulliken und Egerkingen besassen 1980 21,17 bzw. 20,02 Hektaren. Von den
andern Gemeinden haben nur noch Lostorf mit 5,84 Hektaren
und Niederbuchsiten mit 6,99 Hektaren nennenswerte IG-Z-Reserveflächen. Bemerkenswert hoch war die Zunahme des
Mehrumschwungs in der IG-Z (+ 12,71 ha). Damit verdoppelte sich dieser innerhalb der untersuchten Zeitspanne. Die
Betriebe sicherten sich damit offensichtlich eigene Reserveflächen für allfällige zukünftige Betriebserweiterungen. Zählt man diese versteckten Reserven auch zur Gesamtreserve - dies scheint hier viel eher angebracht als bei
den Wohnzonen - , so wird der Eindruck einer zu grossen
IG-Z-Reserve noch verstärkt.

Abb. 24: Flächenreserve für Bauten und Anlagen in der IG-Z
(Flächen in Hektaren)

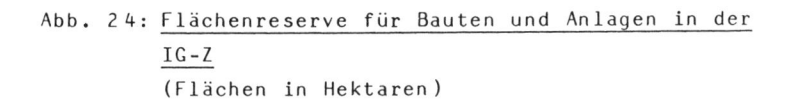

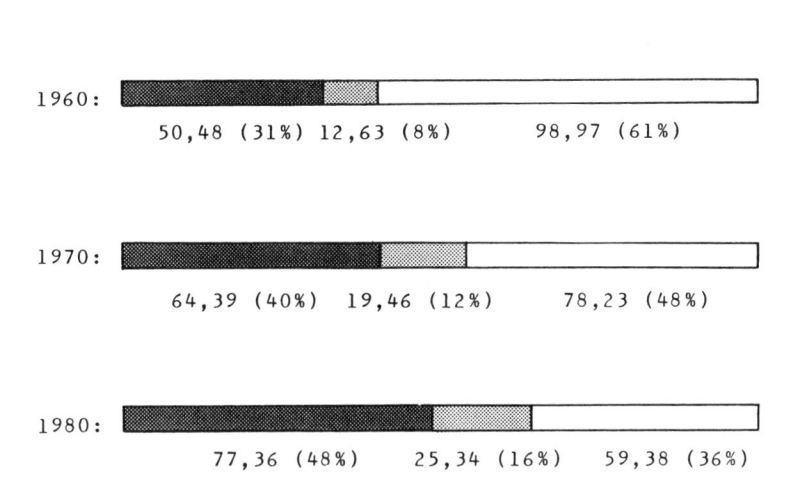

1960:   50,48 (31%) 12,63 (8%)   98,97 (61%)

1970:   64,39 (40%) 19,46 (12%) 78,23 (48%)

1980:   77,36 (48%) 25,34 (16%) 59,38 (36%)

3.2.4.3 Entwicklung des Flächenverbrauchs pro Arbeitsplatz in der IG-Z zwischen 1965 - 1985

Da die Arbeitsplatzzahlen nicht gebäudespezifisch erhoben werden konnten, war eine exakte Ermittlung des IG-Z-Verbrauchs pro Arbeitsplatz nicht möglich. Durch den Vergleich des zonengerechten IG-Z-Flächenverbrauchs von 1960 bis 1980/83[72] mit der Entwicklung der Arbeitsplatzzahl des sekundären Sektors von 1965 - 1985 versuchten wir, zumindest die Entwicklungstendenz des Flächenverbrauchs pro Arbeitsplatz in der IG-Z zu eruieren.[73]

Während die zonengerecht überbaute IG-Z-Fläche von 47,84 auf 74,17 Hektaren zunahm (+ 55 %), ging die approximierte Arbeitsplatzzahl in dieser Zonenart von 5 719 auf 3 520 Stellen zurück (- 38 %). Dieser Rückgang wurde primär durch die beiden Betriebsschliessungen in Dulliken (s.S. 24) und den Arbeitsplatzabbau bei der Von Roll in Gerlafingen verursacht. Da diese beiden Dörfer die Berechnung der Gesamtentwicklung des Flächenverbrauchs pro Arbeitsplatz wesentlich mitbestimmen, wurden zwei getrennte Berechnungen, einmal mit und einmal ohne die beiden Gemeinden, vorgenommen. Der Flächenverbrauch pro Arbeitsplatz veränderte sich zwischen 1965 und 1985 folgendermassen:

	Fläche pro Arbeitsplatz	(ohne Gerlafingen und Dulliken)
1965:	84 m2	(38 m2)
1985:	211 m2	(120 m2)

72) Entsprechend den Nachführdaten der Plangrundlagen von 1980 bis 1983.

73) In Egerkingen wurde die Zahl der industriellen Arbeitsplätze ergänzt durch die Beschäftigtenzahl der Handelsbranche. Diese Kategorie des tertiären Sektors setzt sich in Egerkingen zum grössten Teil aus Angestellten der Verteilerbetriebe zusammen.

Der Flächenverbrauch pro Arbeitsplatz stieg von 1965 bis 1985 ungefähr um das Zweieinhalbfache an. Der Hauptgrund dafür liegt nicht etwa in einer eventuellen Vergrösserung des Flächenanspruchs neuer Arbeitsplätze, sondern in der zunehmenden Unterbelegung alter Industriegebäude mit Arbeitsplätzen. Der Von Roll-Betrieb in Gerlafingen, die ehemaligen Fabrikgebäude der "Ideal-Standard" sowie "Schuh Hug" in Dulliken sind Modellbeispiele dafür.

Die Nutzungsextensivierung bei älteren Industrie- und Gewerbebetrieben ist noch viel grösser als bei den Wohnbauten. Der daraus resultierende enorm grosse Flächenverschleiss wird jedoch, ganz im Gegensatz zur steigenden Wohnbaufläche pro Kopf und Haushalt, kaum beachtet.

Für die Testgemeinden mit den grössten Arbeitsplatzzahlen wurde die Flächenentwicklung pro Arbeitsplatz noch separat berechnet:

	Flächenverbrauch in der IG-Z pro Arbeitsplatz	
	1965	1985
Gerlafingen	98 m2	277 m2
Dulliken	82 m2	359 m2
Egerkingen	102 m2	151 m2
Niederbuchsiten	26 m2	38 m2

3.2.5 Oeffentliche Bauzonen (OeBa-Z)

In der OeBa-Z dürfen nur öffentlichen Zwecken dienende Bauten errichtet werden.[74] Die OeBa-Z beansprucht im Durchschnitt der Testgemeinden sieben Prozent der Bauzonenfläche. Sie verzeichnete in den beiden untersuchten Dekaden den grössten relativen Flächenverbrauch aller Zonenarten. Die durch Bauten und Anlagen genutzte Fläche der OeBa-Z vergrösserte sich in den betrachteten 20 Jahren um 116 Prozent. Da der Bevölkerungszuwachs gleichzeitig lediglich 35 Prozent betrug, erhöhte sich der Pro-Kopf-Verbrauch an zonengerecht überbauter OeBa-Z-Fläche sehr stark:

		(inklusive öffentliche Bauflächen ausserhalb Bauzone)[75]
1960:	12 m2	(14 m2)
1970:	16 m2	(20 m2)
1980:	20 m2	(26 m2)

3.2.5.1 **Flächenanspruch der differenzierten öffentlichen Nutzungen innerhalb der OeBa-Z**

Der Flächenverbrauch innerhalb der OeBa-Z wurde differenziert nach dem Nutzungszweck der öffentlichen Bauten und Anlagen erhoben. Dabei unterschieden wir folgende fünf Nutzungskategorien:

---

74) Gemäss Baugesetz Kanton Solothurn, 1978: § 34
75) Die öffentliche Baufläche ausserhalb der Bauzone bezieht sich auf das Jahr 1982.

1. Schulanlagen:	Zu diesen zählten wir Schulhäuser, Kindergärten, Turnhallen (Mehrzweckhallen) sowie Turnplätze.
2. Kultanlagen:	Dazu gehören Kirchen, Kapellen, Pfarrhäuser und Friedhöfe.[76]
3. Anlagen des Gesundheits- und Sozialwesens:	Da keine der Untersuchungsgemeinden über Spitalanlagen innerhalb der OeBa-Z verfügt, setzt sich diese Nutzungskategorie nur aus Alters- und Pflegeheimen zusammen.[77]
4. Verwaltungs- und Versorgungsanlagen	Es sind dies Gemeindekanzleien, Gebäude für den Strassenunterhalt, Feuerwehrmagazine, öffentliche Parkieranlagen innerhalb der OeBa-Z, Wasserreservoire etc.
5. Spielplätze, öffentliche Parkanlagen	Dazu rechneten wir nur diejenigen Spielplätze und Parkanlagen, die als solche in den Zonenplänen ausgeschieden sind.

Der mit Abstand grösste Teil der OeBa-Z wird durch die Schulanlagen beansprucht. Ihre Fläche steigerte sich zwischen 1960 und 1980 um 150 Prozent. Dieser enorme Flächenzuwachs wurde primär durch Schulhausneubauten verursacht. In den siebziger Jahren trug jedoch der Bau von Mehrzweckhallen einen grossen Teil dazu bei.

---

76) In Dulliken wurde auch das "Franziskushaus" dieser Kategorie zugezählt.
77) In Gerlafingen und Egerkingen liegen die Altersheime in der Wohnzone.

Den zweitgrössten Flächenanteil der OeBa-Z beanspruchen die Kultgebäude. Ihr Flächenzuwachs war in den sechziger Jahren weit grösser als zwischen 1971 - 1980. Der Flächenverbrauch der übrigen öffentlichen Bauten und Anlagen war im Vergleich zu den beiden erstgenannten Kategorien bedeutend kleiner.

Tab. 13: <u>Flächenentwicklung der öffentlichen Bauten und Anlagen innerhalb der OeBa-Z zwischen 1960 und 1980</u>

(Flächen in Hektaren, Anteile in Prozenten)

	1960 Fläche	1960 Anteil	1970 Fläche	1970 Anteil	1980 Fläche	1980 Anteil
- Schulanlagen:	9,40	63	16,68	66	23,47	66
- Kultanlagen:	4,92	33	7,21	28	7,81	22
- Anlagen des Gesundheits- und Sozialwesens:	-	-	-	-	1,09	3
- Verwaltungs- und Versorgungsanlagen:	0,45	3	0,45	2	1,55	4
- Spielplätze, Parkanlagen:	0,15	1	0,98	4	1,38	4
Total	14,92	100	25,32	100	35,30	100

3.2.5.2 Flächenreserven in der OeBa-Z

Bei den Flächenreserven der OeBa-Z von 1980 gab es extreme Unterschiede zwischen den Untersuchungsgemeinden. So besassen beispielsweise Gerlafingen, Lüterkofen-Ichertswil und Oberramsern überhaupt keine OeBa-Z-Reserven, während Dulliken mit 4,28 und Niederbuchsiten mit 2,10 Hektaren im Verhältnis zu ihren überbauten OeBa-Z-Flächen von 10,06 bzw. 1,27 Hektaren über entsprechend grosse Reserven verfügten. Die OeBa-Z-Reserven der übrigen Gemeinden waren 0,37 bis 1,76 Hektaren gross. Bezogen auf den Ueberbauungsgrad von 1980 wies die OeBa-Z in den zwölf Testgemeinden zusammengefasst folgende Flächenreserve auf:

Abb. 25: OeBa-Z-Reserve für Bauten und Anlagen von 1980
(Flächen in Hektaren)

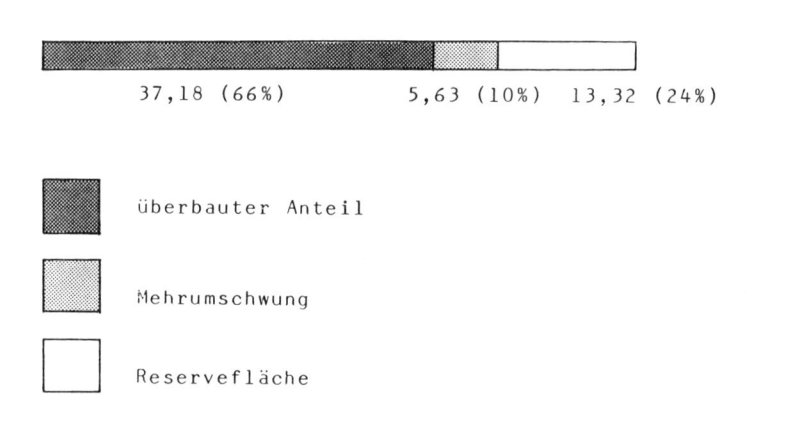

37,18 (66%)   5,63 (10%)   13,32 (24%)

■ überbauter Anteil

▨ Mehrumschwung

☐ Reservefläche

Bei den Mehrumschwungflächen der OeBa-Z handelt es sich um landwirtschaftlich genutzte Parzellenanteile.

4. SIEDLUNGSFLÄCHENANALYSE AUSSERHALB DER BAUZONE

4.1. Siedlungsentwicklung ausserhalb Bauzone

Gemäss Art. 24 des RPG dürfen ausserhalb der Bauzone nur Bauten und Anlagen errichtet werden, wenn (a) der Zweck der Bauten und Anlagen einen Standort ausserhalb der Bauzone erfordert und (b) keine überwiegenden Interessen entgegen stehen. Die zuständige kantonale Behörde hat bei allen Bauvorhaben ausserhalb der Bauzone zu prüfen, ob diese eine Ausnahmebewilligung benötigen.[78] Unsere Bauflächenanalyse im Nichtsiedlungsgebiet der Testgemeinden setzt sich alleine zum Ziel, den zwischen 1960 und 1982 realisierten Flächenverbrauch durch Ueberbauung zu erfassen. Es kann nicht Aufgabe dieser Untersuchung sein, die errichteten Bauten und Anlagen im Nichtsiedlungsgebiet auf ihre Standortkonformität hin zu überprüfen.

Der gesamte Flächenverbrauch für Siedlungszwecke ausserhalb der Bauzone wird anhand derjenigen Testgemeinden aufgezeigt, in welchen die Verkehrsflächendynamik zwischen 1960 bis 1982 erfasst wurde. Es sind dies die Dörfer Oekingen, Dulliken, Lostorf, Egerkingen und Witterswil. Die gesamte Siedlungsfläche im Nichtsiedlungsgebiet der fünf Gemeinden vergrösserte sich in der untersuchten Zeitspanne um 47,9 Hektaren oder 60 Prozent. Den Hauptteil dazu leistete die Verkehrsfläche mit 32,3 Hektaren, was 67 Prozent entspricht. Damit erweist sich ausserhalb der Bauzone also genau diejenige Bauflächenkategorie, welche statistisch leider unzureichend erfasst ist, am flächenintensivsten.[79]

---

78) Gemäss Art. 16 der Verordnung über die Raumplanung vom März 1986.
79) Siehe Erläuterungen zur Arealstatistik Schweiz, 1972: 11 - 12.

Tab. 14: <u>Siedlungsflächenzunahme ausserhalb der Bauzone zwischen 1960 und 1980</u>
(Flächen in Hektaren)

Gemeinde	Fläche der Bauten und Anlagen		Zunahme in %	Verkehrsfläche		Zunahme in %
	1960	1982		1960	1982	
Oekingen	4,63	6,50	40	4,03	7,66	90
Dulliken	5,80	7,01	21	15,23	17,57	15
Lostorf	11,56	15,02	30	15,04	19,16	27
Egerkingen	2,51	9,45	276	14,86	34,92	135
Witterswil	0,54	2,64	389	5,71	7,91	39
Total	25,04	40,62	62	54,87	87,22	59

4.1.1 <u>Flächenverbrauch durch Bauten und Anlagen ausserhalb der Bauzone in den 11 Testgemeinden zwischen
1960 und 1982</u>

Der Flächenverbrauch durch Bauten und Anlagen im Nichtsiedlungsgebiet wurde in elf der zwölf Testgemeinden analysiert. Das kleinflächige Nichtbauzonengebiet Gerlafingens wurde nicht betrachtet. Am meisten Baufläche ausserhalb der Bauzone beanspruchen die Landwirtschaftsgebäude.
Ihr Anteil an der Gesamtfläche für Bauten und Anlagen betrug 1982 53 Prozent. Weitere 25 Prozent entfielen im
gleichen Jahr auf die Wohnbauten und 16 Prozent auf die
öffentlichen Bauten und Anlagen. Die restlichen 6 Prozent verteilten sich auf Industrie- und Gewerbebauten
sowie übrige private Gebäude. Der Flächenzuwachs der
fünf differenzierten baulichen Nutzungen zwischen 1960 -
1982 kann aus Abb. 26 entnommen werden.

Abb. 26: Flächenverbrauch durch Bauten und Anlagen ausserhalb der Bauzone von 1960 - 1982 in 11 Testgemeinden
(Flächen in Hektaren)

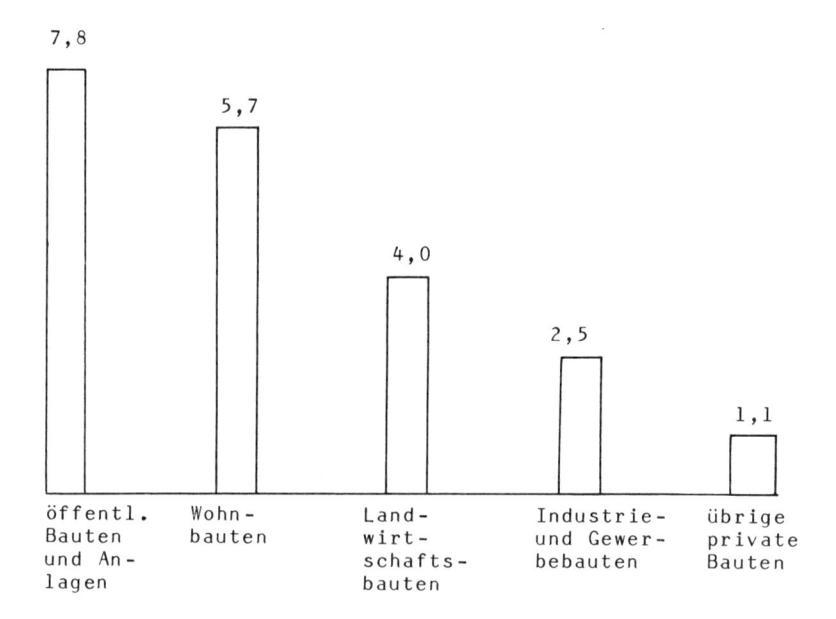

Kategorie	Fläche (ha)
öffentl. Bauten und Anlagen	7,8
Wohnbauten	5,7
Landwirtschaftsbauten	4,0
Industrie- und Gewerbebauten	2,5
übrige private Bauten	1,1

Der grosse Flächenzuwachs bei den öffentlichen Bauten und Anlagen ist zur Hauptsache (6 Hektaren) dem SBB-Geleiselager in Egerkingen zuzuschreiben. Bei den Wohnbauten handelt es sich überwiegend um Einfamilienhäuser, welche schon vor der Erlassung der Zonenpläne gebaut wurden oder durch Rückzonungen ausserhalb des Baugebietes zu liegen kamen. Die Flächenzunahme bei den Landwirtschaftsbauten ist vor allem auf den Bau von Aussiedlerhöfen und auf die Auszonung von Bauernhäusern aus dem Baugebiet zurückzuführen.

Die Vergrösserung der Industrie- und Gewerbebauflächen erklärt sich zur Hauptsache aus dem Bau einer agrobiologischen Versuchsstation der Sandoz in Witterswil und der baulichen Ausdehnung eines Baugeschäftes in Dulliken. Vom gesamten Flächenverbrauch für Bauten und Anlagen entfielen in den sechziger Jahren im Durchschnitt rund 20 Prozent auf das heutige Nichtbauzonengebiet.

In der Bauperiode 1971 - 1980 verkleinerte sich dieser Flächenanteil ganz deutlich. Er betrug in dieser Dekade noch 8 Prozent. Beim hohen Prozentsatz der sechziger Jahre muss berücksichtigt werden, dass verschiedene Testgemeinden in jener Zeit noch keinen Zonenplan erlassen hatten oder über ein Bauzonengebiet verfügten, das sich teilweise über die heute gültige Bauzonengrenze hinaus erstreckte.

4.1.2 Verkehrsflächenentwicklung ausserhalb der Bauzone zwischen 1960 und 1982

Die Verkehrsflächenanalyse ausserhalb der Bauzone musste infolge des enormen Erhebungsaufwandes auf die genannten fünf Testgemeinden beschränkt werden. Aus diesen wenigen Gemeindebeispielen wird jedoch klar, dass dem Verkehrsnetz ausserhalb der Bauzone als Flächenverbraucher grosse Bedeutung zukommt. Von 1960 bis 1982 steigerte sich die Verkehrsfläche im Nichtsiedlungsgebiet von 54,9 auf 87,2 Hektaren. Ihr relatives Wachstum betrug in dieser Zeitspanne 59 Prozent. Betrachtet man die Flächenanteile der einzelnen Strassentypen (Abb. 27), so lässt sich klar erkennen, dass die Flur- und Waldstrassen am meisten Bodenfläche beanspruchen. Der Flächenzuwachs der Flurstrassen zwischen 1960 bis 1982 betrug beinahe 10 Hektaren, derjenige der Waldstrassen 9 Hektaren.

Die Länge des Flurstrassennetzes wuchs von rund 49 auf 79 Kilometer an, diejenige der Waldstrassen von ungefähr 39 auf 65 Kilometer. Das errechnete Flächen- und Längenwachstum des Flurstrassennetzes resultiert primär aus der Neuanlage der Flurwegnetze bei Güterzusammenlegungen. Solche wurden in der betrachteten Zeitspanne in Oekingen und Egerkingen durchgeführt. (s. Abb. 29 und 34). Dort entwickelte sich das Flurstrassennetz ausserhalb der Bauzone wie folgt:

	1960 (vor der GZ)		1982 (nach der GZ)	
	Netzlänge (km)	Netzfläche (ha)	Netzlänge (km)	Netzfläche (ha)
Oekingen:	3,2	1,1	10,8	3,8
Egerkingen:	9,3	2,8	20,7	7,2

Bei den aufgezeigten Mutationen des Flurstrassennetzes gilt es zu beachten, dass als Flurstrassen nur solche mit Hart- oder Naturbelag erfasst wurden, also keine Feldwege.

Eine ähnliche Entwicklung wie bei den Flurstrassen lässt sich bei den Waldstrassen feststellen. Auch ihre Länge und Fläche vergrössert sich im Zuge des steigenden Walderschliessungsgrades ganz erheblich. Die Länge des Waldstrassennetzes der fünf Gemeinden erhöhte sich in den 22 Jahren von 39,5 Kilometer auf 64,9 Kilometer, die Waldstrassenfläche nahm von 12,6 auf 21,4 Hektaren zu.

Die Fläche der Haupt- und Ortsverbindungsstrassen veränderte sich nur unwesentlich. Das Eisenbahnnetz erfuhr in den fünf Dörfern überhaupt keine Flächenveränderung. Infolge des Autobahnbaus musste Egerkingen ausserhalb der Bauzone einen riesigen Flächenverlust in Kauf nehmen.

Das Nationalstrassenteilstück beansprucht hier mit den
Anschlussbauten insgesamt 11,2 Hektaren; auf die eigentliche Fahrbahn entfallen davon 4,8 Hektaren, auf die Ein-
und Ausfahrten sowie die Böschungen 6,4 Hektaren.

Abb. 27: Verkehrsflächenzuwachs ausserhalb der Bauzonen in Oekingen, Dulliken, Lostorf, Egerkingen und Witterswil zusammen zwischen 1960 und 1982 (Flächen in Hektaren)

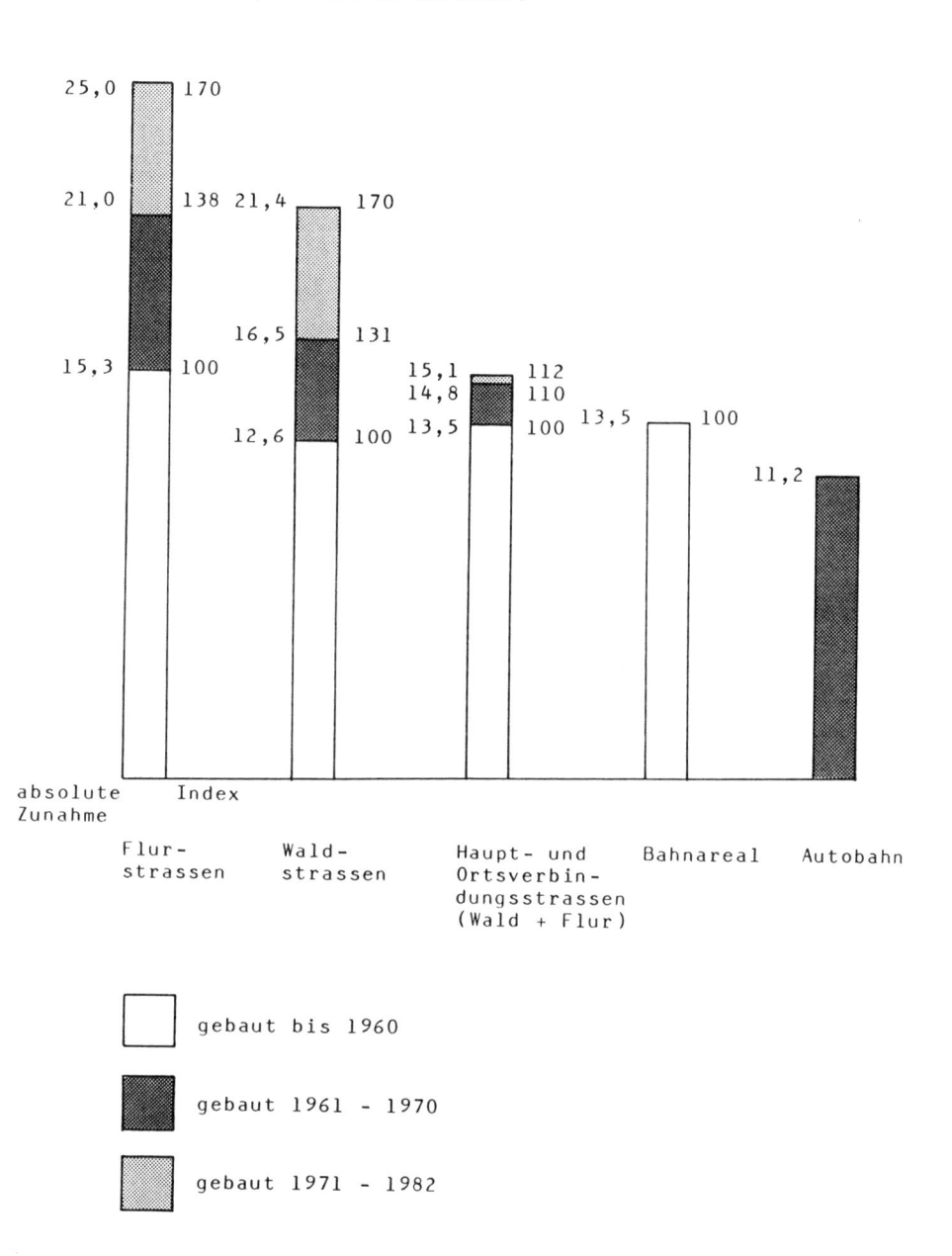

absolute Zunahme   Index

Flurstrassen: 25,0 / 170; 21,0 / 138; 15,3 / 100
Waldstrassen: 21,4 / 170; 16,5 / 131; 12,6 / 100
Haupt- und Ortsverbindungsstrassen (Wald + Flur): 15,1 / 112; 14,8 / 110; 13,5 / 100
Bahnareal: 13,5 / 100
Autobahn: 11,2

□ gebaut bis 1960
■ gebaut 1961 - 1970
▨ gebaut 1971 - 1982

5. ZUSAMMENFASSUNG

Das gesetzte Ziel der Studie bestand darin, die reale Siedlungsentwicklung im Kanton Solothurn von 1960 bis anfangs achziger Jahre auf der Grundlage der Zonenplanung zu analysieren. Die Arbeit will auf diese Weise einen Informationsbeitrag leisten zur Problematik der Bauzonendimensionierung.

5.1. Methodisches Vorgehen

1. Die Testgemeindewahl

   Die Untersuchung der Siedlungsflächen beschränkt sich auf 12 Testgemeinden und fusst auf exakten Daten, die vorerst, und oft mit grösstem Aufwand, noch erhoben werden mussten. Die Testgemeindewahl wurde nach den folgenden, für die Siedlungsentwicklung relevanten Kriterien vorgenommen: regionale Lage, zentralörtliche Lage, funktionale Siedlungsstruktur und Einwohnergrösse der Gemeinden. Die Varianz der Resultate in den einzelnen Testgemeinden betrachten wir als Bestätigung dafür, dass mit der getroffenen Gemeindeauswahl ein breites Spektrum aus dem vielfältigen Siedlungswandel der sechziger, siebziger und der frühen achziger Jahre des Kantons Solothurn erfasst werden konnte.

2. Flächenerhebung

   Zur Aufzeigung der Siedlungsflächendynamik wurden getrennte Flächenbilanzen erstellt für die Bauzone und das Nichtbauzonengebiet der Jahre 1960, 1970 und 1980 sowie des letzten Nachführungsjahres der benützten Plangrundlagen (1981-1983). Dabei erfassten wir die Bau- und Anlageflächen auf der einen Seite und die Verkehrsflächen auf der andern Seite getrennt. Bei der zonenartspezifischen Siedlungsflächenerhebung innerhalb der Bauzone unterschieden wir zonenartgerecht und zonenartfremd überbaute Parzellen. Im Nichtbauzonengebiet wurden die verschiedenen baulichen Nutzungen zu fünf Nutzungsgruppen zusammengefasst. Zur exakten Berechnung von Haushaltungs- und Einwohnerdichten wurden die Zahl der Haushaltungen und die Zahl der Einwohner zonenartgetrennt für die Jahre 1960, 1970 und 1980 eruriert.

5.2. Flächenanteil der Zonenarten an der Bauzone

Die fünf unterschiedenen Zonenarten beanspruchen in den 12 Testgemeinden durchschnittlich folgende Bauzonenanteile:

- Einfamilienhauszone   (EFH-Z) :   53 %
- Mehrfamilienhauszone   (MFH-Z) :   10 %
- Kernzone   (Kern-Z):   11 %
- Industrie-Gewerbezone (IG-Z) :   19 %
- Oeffentliche Bauzone   (OeBa-Z):   7 %

In den rurbanen Gemeinden liegt der EFH-Z-Anteil weit über dem angegebenen Durchschnittswert. Dieser nimmt dort zwischen 70 - 80 Prozent der Bauzonenfläche ein. Selbst in den Industrie-Gewerbegemeinden und den Wohn-Gewerbegemeinden beträgt ihr Anteil immer noch über 30 Prozent. Die EFH-Z ist auch dort die flächengrösste Zonenart. Der MFH-Z-Anteil ist nur in den beiden Agglomerations- und ehemaligen Industriegemeinden Gerlafingen und Dulliken mit 22 bzw. 23 Prozent von Bedeutung. In den übrigen Testgemeinden beansprucht die MFH-Z weniger als 10 Prozent der Bauzonenfläche.

Die IG-Z ist die zweitgrösste Zonenart. Ihre Fläche ist
sehr einseitig auf die Testgemeinden verteilt. Höher als
20 Prozent ist ihr Bauzonenanteil nur in Gerlafingen mit
25 Prozent, Dulliken mit 32 Prozent und Egerkingen mit 38
Prozent. Die Kern-Z nimmt bei der Mehrheit der Testgemeinden
10 - 20 Prozent des Baugebietes ein. Der Anteil der
OeBa-Z variiert in den 12 Untersuchungsgemeinden zwischen
5 und 10 Prozent

5.3. Flächenverbrauch innerhalb der Bauzone

1. Gesamter Flächenverbrauch innerhalb der Bauzone

   Die überbaute Bauzonenfläche zeigte in den beiden untersuchten Dekaden einen totalen Zuwachs von ziemlich genau
   200 Hektaren. Damit betrug die relative Flächenzunahme
   in diesem kurzen Zeitabschnitt 66 Prozent. Auf die vier
   Hauptnutzungen entfallen davon folgende Anteile:

   - Wohnen   121 ha (61 %)
   - Arbeiten   28 ha (14 %)
   - öffentliche Nutzung   20 ha (10 %)
   - Verkehrsfläche   29 ha (15 %)

2. Flächenverbrauch in den einzelnen Zonenarten

   a) Einfamilienhaus-Zone (EFH-Z)

   58 Prozent des gesamten Bauzonenflächenverbrauchs durch
   Bauten und Anlagen zwischen 1960 und 1980 sind dem Bau
   von Einfamilienhäusern zuzuschreiben. Die Agglomerationsrandgemeinden leisteten dazu den grössten Flächenbeitrag.

In den meisten Testgemeinden wäre der Einfamilienhaus-Zuwachs noch höher ausgefallen, wenn das Baulandangebot grösser gewesen wäre. Die allgemein festgestellte Baulandverknappung in den Untersuchungsgemeinden ist nicht etwa auf zu kleine Zonenreserven zurückzuführen, sondern liegt primär in der verbreiteten Baulandhortung begründet. Der überwiegende Teil der unüberbauten Parzellen ist nämlich gar nicht verfügbar. Grosse Unterschiede bestehen bei der durchschnittlichen Parzellengrösse zwischen den einzelnen Testgemeinden. Ihre umgekehrte Proportionalität zum Landpreisniveau, das von den zentralen zu den peripheren Gemeinden beträchtlich fällt, ist deutlich erkennbar. Was den Flächenverbrauch pro Haushaltung und pro Einwohner betrifft, so hat von 1960 bis 1980 eine massive Zunahme stattgefunden. Pro Einwohner steigerte sich die Wohnbaufläche nämlich ganze 55 Prozent und pro Haushalt 24 Prozent.

b) Mehrfamilienhaus-Zone (MFH-Z)

Auf die MFH-Z entfallen lediglich 16 Prozent der gesamten Wohnzonenfläche. Die zonenartgerecht überbaute Fläche der MFH-Z vergrösserte sich zwischen 1960 und 1980 um 246 Prozent. Der grosse zonenfremd überbaute Flächenanteil hat in dieser Zonenart seit 1960 nur unwesentlich zugenommen. Die MFH-Z entwickelt sich damit mehr und mehr zu einer ausschliesslichen Wohnblockzone. Der Flächenverbrauch pro Wohnung zeigt zwischen den vor 1960 erstellten Mehrfamilienhäusern und denjenigen aus der untersuchten Zeitspanne eine beträchtliche Abnahme. Der Flächenverbrauch pro Haushalt war von 1960 bis 1980 von 184 m2 auf 155 m2 gesunken, pro Einwohner war dieser jedoch von 53 m2 auf 56 m2 angestiegen. Im Vergleich zur EFH-Z war 1980 der Flächenverbrauch in der MFH-Z pro Haushalt und pro Einwohner rund viermal kleiner.

c) Kern-Zone (Kern-Z)

In der Kern-Z ist der mutative Siedlungswandel weit bedeutender als der additive. Die durch Bauten und Anlagen genutzte Kern-Z-Fläche vergrösserte sich in den beiden Jahrzehnten nur um 4 Hektaren (+ 7 %). 1980 waren von der überbauten Kern-Z-Fläche durchschnittlich 63 Prozent durch Wohnbauten, 21 Prozent durch Industrie und Gewerbe und 16 Prozent durch Landwirtschaftsbauten genutzt. Trotz steigendem Wohnbauflächenanteil durch Umnutzung von Bauernhäusern verkleinerte sich die Einwohnerzahl in den Kern-Z von 1960 bis 1980 um 25 Prozent. Die Haushaltungszahl blieb im gleichen Zeitabschnitt praktisch konstant.

d) Industrie-Gewerbe-Zone (IG-Z)

Die IG-Z verzeichnete in den betrachteten 20 Jahren den zweitgrössten Flächenverbrauch aller Zonenarten. Von den insgesamt 27 Hektaren, die zwischen 1960 und 1980 überbaut wurden, entfallen alleine auf Egerkingen 15,7 Hektaren (59 %) und auf Dulliken 10,5 Hektaren (39 %). Ein bedeutender Wandel hat sich auch beim Flächenverbrauch pro Arbeitsplatz vollzogen. 1965 beanspruchte ein Arbeitsplatz in der IG-Z 84 m2. 1985 waren es 211 m2. Diese Entwicklung wurde primär als eine Folge von Betriebsschliessungen und Arbeitsrationalisierungsmassnahmen erkannt.

e) Oeffentliche Bauzone (OeBa-Z)

Die Fläche der öffentlichen Bauten und Anlagen zeigte das grösste relative Wachstum aller Zonenarten. Sie dehnte sich in den beiden Dezennien nämlich um 116 Prozent aus. Pro Einwohner steigerte sich die überbaute

OeBa-Z-Fläche zwischen 1960 bis 1980 von 12 auf 20 m2. Der Hauptgrund dafür liegt in der beträchtlichen Flächenzunahme der Schulanlagen. 1980 beanspruchten diese 66 Prozent der OeBa-Z, gefolgt von den Kultgebäuden mit 22 Prozent. Die restlichen 12 Prozent verteilen sich auf Bauflächen des Sozialwesens, der Verwaltung und Versorgung sowie auf Spielplätze und Parkanlagen.

5.4. Bauzonenreserven

Gemessen an der im RPG (Art. 15) festgelegten maximalen Bauzonenreserve von 15 Jahren müssen die Bauzonen der meisten Testgemeinden auch nach erfolgter Zonenplanrevision in den frühen achziger Jahren als eindeutig zu gross eingestuft werden. Dies gilt insbesondere für die beiden Wohnzonenarten und die IG-Zone. Das sogenannte doppelte Einwohnerfassungsvermögen ist, stützt man sich auf die gesetzlich erlaubte Bauzonengrösse, ein ganz klar zu grosser Massstab, um ihn bei der Dimensionierung der Bauzonenfläche im Kanton Solothurn anlegen zu können.

5.5. Siedlungsentwicklung ausserhalb der Bauzone

Die überbaute Fläche ausserhalb der Bauzone steigerte sich zwischen 1960 und 1982 um 60 Prozent. Dazu muss bemerkt werden, dass der Hauptzuwachs in die sechziger Jahre fällt, in denen verschiedene Testgemeinden noch keinen Zonenplan erlassen hatten. Der Siedlungsflächenverbrauch ausserhalb der Bauzone wurde in der betrachteten Zeitspanne in überwiegendem Masse durch das Wachstum des Strassennetzes bestimmt.

Zwei Drittel des gesamten Flächenverbrauchs ausserhalb der Bauzone beanspruchte der Strassenbau. Als besonders flächenintensiv erweisen sich neben dem Autobahnbau die im Rahmen von Güterzusammenlegungen neu angelegten Flurstrassennetze sowie das massiv ausgebaute Waldstrassennetz.

QUELLENVERZEICHNIS

(Verwendete Plangrundlagen, Gesetze und Verordnungen sind ausschliesslich im Text erwähnt)

Literatur:

AMT FUER RAUMPLANUNG DES KANTONS SOLOTHURN	Landwirtschaft und Ortsplanung; Die Behandlung der Landwirtschaftsbetriebe in der Ortsplanung, Solothurn 1983.
DASS.	Quartier-Analysen, Richtlinien zur Ortsplanung, Solothurn 1977.
AMT FUER RAUMPLANUNG DES KANTONS ZUERICH	Die Bauzonenreserven im Kanton Zürich. In: Raumplanung und Umweltschutz im Kanton Zürich, Heft 14, Zürich 1981.
BAHRENBERG G. & GIESE E.	Statistische Methoden und ihre Anwendung in der Geographie. = Teubner Studienbücher, Stuttgart 1975.
BAUDEPARTEMENT DES KANTONS SOLOTHURN	Koordinationsplan 1984, Solothurn 1984.
DASS.	Kantonaler Richtplan 1982, Besiedlung und Landschaft, Solothurn 1982.
BIENZ H. & PLATTNER R.M.	Wohnfläche pro Einwohner-Beispiele aus der Region Basel. Regionalplanungsstelle beider Basel, Liestal 1978.
BUNDESAMT FUER RAUMPLANUNG	Der Wettstreit um den Boden, Bern 1986.
DASS.	Raumbeobachtung CH, ein Rahmenkonzept, Materialien zur Raumplanung, Bern 1983.
BUNDESRAT SCHWEIZ	Bericht über den Stand und die Entwicklung der Bodennutzung in der Schweiz, Raumplanungsbericht 1987, Bern 1987.

DAVID J. & FRESCHLI L. & GUERIN J. & GUMUCHIAN H.
Problématique et methodes d'analyse de la rurbanisation. Le Plateau de Champagnier (Isère), Université scientifique et médicale de Grenoble. Grenoble 1979.

ELSASSER H.
Industriestandort Gäu, Gutachten, ORL-Institut Zürich, Zürich 1971.

ENGGIST R.
Korrektion der Oesch in den Gemeinden Horriwil, Oekingen und Subingen, Technischer Bericht, Solothurn 1968.

FLURI J.
Die Abwanderung im Solothurner Jura, dargestellt am Bezirk Balsthal-Thal; unveröffentlichte Diplomarbeit am Geographischen Institut der Universität Zürich, Zürich 1978.

FUCHS F. & REMUND H. & WEBER W.
Verkehrserschliessung in Wohnquartieren, Empfehlungen und Hinweise für die haushälterische Nutzung des Bodens bei der Planung und Gestaltung von Quartierstrassen, Bundesamt für Raumplanung, Bern 1985.

GALLUSSER W.A.
Rurbanisierung als Aspekt der Stadt-Umland-Dynamik. In: Berliner Geographische Arbeiten, Sonderheft 4, S. 55 - 61, Berlin 1987.

DERS.
Die aktuelle Siedlungsentwicklung als Gestaltungsfaktor der Juralandschaft. In: Geographica Helvetica 2/1985, S. 79 - 83.

DERS.
Struktur und Entwicklung ländlicher Räume der Nordwestschweiz. = Basler Beiträge zur Geographie, Heft 11, Basel 1970.

GALLUSSER W.A. & LEIMGRUBER W.
Kulturlandschaftswandel in der Schweiz, die KLW-Testgemeinden in den 1970er Jahren. = Veröffentlichung der Geographischen Kommission der Schweizerischen Naturforschenden Gesellschaft, Nr. 8, S. 126 - 135, Basel 1983.

GARNIE A.	Die "periurbane" Entwicklung. In: Raumplanung, Informationshefte 2/86, S. 4 - 5, Bern 1984.

GASCHE P.	Aktualgeographische Studien über die Auswirkungen des Nationalstrassenbaus im Bipperamt und Gäu. = Basler Beiträge zur Geographie, Heft 24, Basel 1978.

GROSJEAN G.	Raumtypisierung nach geographischen Gesichtspunkten als Grundlage der Raumplanung auf höherer Stufe. = Geographica Bernensia, Heft P 1, Bern 1975.

HAEFELI R.	Lüterkofen-Ichertswil im Wandel, unveröffentlichte Facharbeit am Interkantonalen Technikum Rapperswil, Rapperswil 1984.

HOEFLIGER M.H.	Flächenverbrauch für Wohnzwecke und Raumplanung, dargestellt am Beispiel der Stadt Zürich. = Berichte zur ORL, 43/1982, Zürich 1982.

KNORR G.	Transformationsmerkmale von Siedlungen in ländlichen Gebieten. In: W. FRICKE & K. WOLF: Neue Wege in der geographischen Forschung städtischer und ländlicher Siedlungen, Rhein-Mainische Forschungen, Frankfurt 1975.

LENDI M. & ELSASSER H.	Raumplanung in der Schweiz, eine Einführung, Zürich 1986.

LINDE H.	Grundfragen der Gemeindetypisierung. In: Raum und Wirtschaft, S. 58 - 121, Bremen 1953.

LOETSCHER L. & JENZER M.	Wegzug aus Basel - Antwort auf die Wohnsituation? In: Frey R.L.: Von der Land- zur Stadtflucht. Schriften des Forschungsinstituts für Föderalismus und Regionalstrukturen, 6/1981, S. 53 - 90, Stuttgart 1981.

NEESER K. u.a.	Leitbild Kanton Solothurn. Bericht I: Vorgehen, Bestandesaufnahme, Prognose; Baudepartement des Kantons Solothurn, Solothurn 1971.
DERS.	Leitbild Kanton Solothurn, Bericht II: Entwicklung von Teilleitbildern, Darstellung von Siedlungsvarianten, Wertung von Siedlungsvarianten; Baudepartement des Kantons Solothurn, Solothurn 1973.
NIEMEIER G.	Siedlungsgeographie = Das Geographische Seminar, Braunschweig 1977.
ORL-INSTITUT ETH ZUERICH	Richtlinien zur Planung von Erschliessungsnetzen, Richtlinien zur ORL, Blatt 514 502, Zürich 1975.
DASS.	Berechnung der Siedlungsflächen, Richtlinien zur ORL, Blatt 510 941, Zürich 1968.
DASS.	Strassentypen, Richtlinien zur ORL, Blatt 514 501, Zürich 1967.
DASS.	Erläuterungen zur Zweckmässigkeit von Ortsplanungen, Richtlinien zur ORL, Blatt 511 503, Zürich 1967.
PFISTER CHR.	Autobahnen verändern eine Landschaft. = Geographica Bernensia, Heft 52, Bern 1977.
PFISTERER M.	Sichere Versorgungsbasis des Landes: nationales Anliegen. In: Raumplanung, Informationshefte 1/84, S. 3-5, Bern 1984.
RAMLISBERGER M.	Raumplanung - wozu? Sinn und Struktur von Zielbestimmungen und Planungsgrundsätzen des Bundesgesetzes über die Raumplanung = Europäische Hochschulschriften. Reihe II, Rechtswissenschaft, Bd. 505, Bern 1986.

RAUMPLANUNGSAMT DES KANTONS BERN	Das Angebot an Bauzonen, Grösse und Verfügbarkeit im Kanton Bern, Bern 1984.
REGIERUNGSRAT DES KANTONS SOLOTHURN	"Leitbild 86", Solothurn 1986
ROHNER J.	Wohnen im ländlichen Raum um Basel, Sonderdruck aus dem Jahrbuch der Schweizerischen Naturforschenden Gesellschaft, wissenschaftlicher Teil, 1982/2.
RUMLEY P.A.	Aménagement du territoire et utilisation du sol, = Berichte zur ORL, Nr. 50, Zürich 1984.
SAXER M.	Verkehrsflächenbedarf: Ein Vergleich Bahn-Strasse. In: Raumplanung, Informationshefte 3/85, S. 8 - 15, Bern 1985.
SCHMID H.	Bauen auf der "grünen Wiese"? In: Schweizer Naturschutz 2/1988, S. 1 - 6, Basel 1988.
SCHULER M.	Neudefinition der Agglomerationen in der Schweiz, Bundesamt für Statistik, Bern 1983.
STEIGER M.	Die Ausnützungsziffer = Veröffentlichung der Schweizerischen Vereinigung für Landesplanung VLP, Schriftenfolge 17/1974, Bern 1974.
SUTER A.	Ermittlung der möglichen Bevölkerungsentwicklung bei vorgegebenen Bauzonen, Bundesamt für Raumplanung, Bern 1981.
TREVISAN P.	Oekingen, Aspekte der geschichtlichen Entwicklung einer Solothurner Gemeinde, o.O. 1985.
WIESLI U.	Olten und seine Region. Jubiläumsschrift, 150 Jahre EKO Hypothekar- und Handelsbank, Olten 1979.

DERS.   Solothurnische Landschaften,
                     Solothurn 1972.

DERS.   Geographie des Kantons Solothurn,
                     Solothurn 1969.

Statistiken:

Statistische Quellenwerke der Schweiz (Eidg. Statistisches Amt Bern):

- Arealstatistik 1972

- Volkszählungen 1960, 1970, 1980

- Betriebszählungen 1965, 1975

Wohnbauzählungen des BIGA, 1980 - 1985

Finanz-Departement des Kantons Solothurn, Abteilung Statistik:

- Betriebszählung 1985, Kanton Solothurn

- Kanton Solothurn in Zahlen 1978, 1986

ANHANG

Tab. 15

Zusammenfassung:
Alle 12 Gemeinden

Bebauung und Einwohner
Innerhalb Bauzone
Stand 1960/1970/1980

(Zahlen in Hektaren)

		1 Bauzone total	2 Bauzone ohne bestehende und geplante Verkehrsflächen	3 Bebaute Parzellen	4 Davon nicht zonenart-konform genutzte Fläche	5 Baulich ausgenützter Anteil der bebauten Parzellen	Flächenverbrauch in Prozenten (1960:100%)	6 Davon nicht zonenartkonform ausgenützter Anteil	7 Baulich nicht ausgenützter Anteil der bebauten Parzellen (3 - 5)	8 Nicht bebaute Parzellen (2 - 3)	Bauzonenreserve in Prozenten (1960:100%)	9 Anzahl Haushaltungen	10 Anzahl Einwohner
Bauzone total	1960	902,88	807,24	326,23	50,17	250,41	100	33,07	75,82	481,01	100	3490	12791
	1970			421,24	53,83	327,61	131	36,84	93,63	386,00	80	4746	16251
	1980			526,58	62,75	419,90	168	45,26	106,68	280,66	58	5881	17259
EFH-Zone	1960	480,56	427,58	141,84	18,15	102,90	100	12,89	38,94	285,74	100	1776	6666
	1970			188,40	19,95	140,73	137	14,75	47,67	239,18	84	2249	7882
	1980			256,50	28,67	201,45	196	22,61	55,05	171,08	60	2908	8675
MFH-Zone	1960	90,51	78,22	30,76	21,87	23,00	100	15,27	7,76	47,46	100	508	1721
	1970			42,90	23,36	35,34	154	16,82	7,56	35,32	74	1337	4371
	1980			50,36	23,98	43,12	187	17,59	7,24	27,86	59	1839	5183
Kern-Zone	1960	96,89	83,23	69,40	46,49 W / 15,46 Ldw / 12,22 IC	56,84	100	37,80 W / 12,18 Ldw / 10,82 IC	12,56	13,53	100	1070	3863
	1970			72,86		59,55	105		13,31	10,37	75	1037	3472
	1980			74,21		60,79	107		13,42	9,02	65	1030	2889
OeBa-Zone	1960	61,12	56,13	21,12	2,52	17,19	100	2,27	3,93	35,01	100	55	166
	1970			33,23	2,52	27,60	161	2,27	5,63	22,90	65	49	148
	1980			42,81	2,11	37,18	216	1,87	5,63	13,32	38	35	161
IC-Zone	1960	137,80	162,08	63,11	7,63	50,48	100	2,64	12,63	98,97	100	81	375
	1970			83,85	8,00	64,39	128	3,00	19,46	78,23	79	74	378
	1980			102,70	7,99	77,36	154	3,19	25,34	59,38	60	69	351

Tab. 16

GERLAFINGEN

Bebauung und Einwohner
innerhalb Bauzone
Stand 1960/1970/1980/1982

(Zahlen in Hektaren)

		1	2	3	4	5	6	7	8	9	10
		Bauzone total	Bauzone ohne bestehende und geplante Verkehrsflächen	Bebaute Parzellen	Davon nicht zonenart-konform genutzte Fläche	Baulich ausgenützter Anteil der bebauten Parzellen	Davon nicht zonenartkonform ausgenützter Anteil	Baulich nicht ausgenützter Anteil der bebauten Parzellen (3-5)	Nicht bebaute Parzellen (2-3)	Anzahl Haushaltungen	Anzahl Einwohner
Bauzone total	1960			95,97	12,40	86,53	9,67	10,40	42,22	1227	4413
	1970			110,45	13,14	98,57	10,40	11,88	27,74	1478	4873
	1980	151,75	138,18	118,90	13,75	103,34	10,98	15,57	19,28	1713	4665
	1982			120,06	13,75	104,32	10,98	15,75	18,12		
EFH-Zone	1960			32,08	3,02	29,15	2,03	2,94	17,37	647	2368
	1970			34,81	3,50	31,87	2,50	2,94	14,65	651	2063
	1980	55,73	49,46	40,63	4,16	37,56	3,13	3,07	8,83	676	1816
	1982			41,15	4,16	38,08	3,13	3,07	8,31		
MFH-Zone	1960			15,64	8,41	13,27	6,88	2,36	14,50	252	899
	1970			20,40	8,67	18,03	7,14	2,36	9,74	516	1744
	1980	34,08	30,14	22,04	8,74	19,68	7,21	2,36	8,10	717	2022
	1982			22,15	8,74	19,80	7,21	2,36	7,98		
Kern-Zone	1960			9,23	W 8,46	7,62	Ldw	2,57	3,10	276	941
	1970			10,98		8,42		2,57	1,35	272	856
	1980			11,68		8,88		2,80	0,65	293	663
	1982	14,53	12,33	12,20	IC 3,24	9,27	IC 3,09	2,98	0,13		
Oeßn-Zone	1960			6,04	0,41	5,90	0,25	0,14	3,26	15	41
	1970			9,13	0,42	8,99	0,42	0,14	0,17	13	31
	1980			9,30	0,42	9,16	0,42	0,14	-	7	18
	1982	10,07	9,30	9,30	0,30	9,16	0,30	0,14	-		
IG-Zone	1960			32,97	0,55	30,59	0,34	2,39	3,99	37	164
	1970			35,13	0,55	31,26	0,34	3,87	1,83	26	179
	1980			35,25	0,55	28,06	0,34	7,20	1,70	20	146
	1982	37,34	36,96	35,25	0,55	28,06	0,34	7,20	1,70		

Tab. 17

OFKINGEN

Bebauung und Einwohner
innerhalb Bauzone
Stand 1960/1970/1980/1983

(Zahlen in Hektaren)

		1	2	3	4	5	6	7	8	9	10
		Bauzone total	Bauzone ohne bestehende und geplante Verkehrsflächen	Bebaute Parzellen	Davon nicht zonenart-konform genutzte Fläche	Baulich ausgenützter Anteil der bebauten Parzellen	Davon nicht zonenartkonform, ausgenützter Anteil	Baulich nicht ausgenützter Anteil der bebauten Parzellen (3 - 5)	Nicht bebaute Parzellen (2 - 3)	Anzahl Haushaltungen	Anzahl Einwohner
Bauzone total	1960		27,66	11,79	1,92	8,09	1,46	3,69	15,87	110	418
	1970		27,49	12,50	1,92	8,80	1,46	3,69	14,99	119	395
	1980		25,45	15,57	1,78	11,87	1,32	3,69	9,88	143	426
	1983	29,09	25,45	16,16	1,78	12,30	1,32	3,69	9,29		
EFH-Zone	1960		20,85	7,02	0,84	4,36	0,37	2,66	13,83	54	208
	1970		20,70	7,73	0,84	5,07	0,37	2,66	12,97	68	231
	1980		18,99	10,79	0,84	7,98	0,37	2,81	8,20	104	312
	1983	21,59	18,99	11,38	0,84	8,41	0,37	2,81	7,61		
MFH-Zone	1960		1,13	0,76	0,62	0,76	0,62	-	0,37	13	42
	1970		1,12	0,76	0,62	0,76	0,62	-	0,36	13	54
	1980		1,08	0,76	0,62	0,76	0,62	-	0,32	12	42
	1983	1,23	1,08	0,76	0,62 Ldw	0,76	0,62 Ldw		0,32		
Kern-Zone	1960		3,82	2,41		2,20		0,20	1,41	36	145
	1970		3,81	2,41	W	2,20	W	0,20	1,40	31	94
	1980		3,61	2,56	1,52	2,35	1,44	0,20	1,05	23	65
	1983	4,29	3,61	2,56	0,49 IC	2,35	0,37 IC		1,05		
OeBa-Zone	1960		1,87	1,60	0,47	0,77	0,47	0,83	0,27	7	23
	1970		1,86	1,60	0,47	0,77	0,47	0,83	0,26	7	16
	1980		1,77	1,46	0,33	0,78	0,33	0,68	0,31	4	7
	1983	1,98	1,77	1,46	0,33	0,78	0,33	0,68	0,31		
IC-Zone	1960										
	1970										
	1980										
	1983										

Tab. 18

LUTERKOFEN-ICHERTSWIL

Bebauung und Einwohner innerhalb Bauzone
Stand 1960/1970/1980/1982

(Zahlen in Hektaren)

		1	2	3	4			5	6			7	8	9	10
		Bauzone total	Bauzone ohne bestehende und geplante Verkehrsflächen	Bebaute Parzellen	Davon nicht zonenart-konform genutzte Fläche			Baulich ausgenützter Anteil der bebauten Parzellen	Davon nicht zonenartkonform ausgenützter Anteil			Baulich nicht ausgenützter Anteil der bebauten Parzellen (3-5)	Nicht bebaute Parzellen (2-3)	Anzahl Haushaltungen	Anzahl Einwohner
					W	Ldw	IC		W	Ldw	IC				
Bauzone total	1960			10,51				8,14				2,37	16,11	69	277
	1970			15,18				11,04				4,14	11,44	86	317
	1980			20,70				16,20				4,49	5,92	133	453
	1982	30,50	26,62	21,27	0,78			16,78	0,42			4,49	5,35		
EFH-Zone	1960			3,49	0,78			2,17	0,42			1,32	14,25	28	108
	1970			7,68	0,84			4,59	0,48			3,09	10,06	44	160
	1980			12,36	0,84			8,80	0,48			3,55	5,38	87	295
	1982	20,27	17,74	12,93	0,84			9,38	0,48			3,55	4,81		
MFH-Zone	1960														
	1970														
	1980														
	1982														
Kern-Zone	1960			5,55		3,08		4,50		2,71		1,05	1,28	39	163
	1970			6,03		1,85		4,98		1,56		1,05	0,80	41	156
	1980			6,29			1,36	5,35			1,08	0,94	0,54	45	154
	1982	7,90	6,83	6,29				5,35				0,94	0,54		
OeBa-Zone	1960			0,99				0,99				-	0,58	2	6
	1970			0,99				0,99				-	0,58	1	1
	1980			1,57				1,57				-	-	1	4
	1982	1,77	1,57	1,57				1,57				-	-		
IC-Zone	1960			0,48				0,48				-	-	-	-
	1970			0,48				0,48				-	-	-	-
	1980			0,48				0,48				-	-	-	-
	1982	0,56	0,48	0,48				0,48				-	-		

Tab. 19

OBERRAMSERN
Bebauung und Einwohner innerhalb Bauzone
Stand 1960/1970/1980/1982
(Zahlen in Hektaren)

		1	2	3	4		5	6	7	8	9	10
		Bauzone total	Bauzone ohne bestehende und geplante Verkehrsflächen	Bebaute Parzellen	Davon nicht zonenart-konform genutzte Fläche		Baulich ausgenützter Anteil der bebauten Parzellen	Davon nicht zonenartkonform ausgenützter Anteil	Baulich nicht ausgenützter Anteil der bebauten Parzellen (3-5)	Nicht bebaute Parzellen (2-3)	Anzahl Haushaltungen	Anzahl Einwohner
Bauzone total	1960	7,89	2,50	1,74	0,09		1,01	0,09	0,74	0,76	5	35
	1970			2,20	0,09		1,46	0,09	0,74	0,30	11	47
	1980			2,20	0,09		1,46	0,09	0,74	0,30	13	43
	1982			2,20	0,09		1,54	0,09	0,66	0,30		
EFH-Zone	1960											
	1970											
	1980											
	1982											
HFH-Zone	1960					W		W				
	1970					—		—				
	1980					Ldw		Ldw				
	1982				1,18							
Kern-Zone	1960			1,45			0,71		0,74	0,67	6	28
	1970			1,82			1,08		0,74	0,30	8	34
	1980			1,82			1,08		0,74	0,30	10	31
	1982	2,41	2,12	1,82	0,48	0,84	1,16	0,16	0,66	0,30		
OeBa-Zone	1960			0,11			0,11				1	2
	1970			0,11			0,11				1	2
	1980			0,11			0,11				1	4
	1982	0,15	0,11	0,11			0,11					
IG-Zone	1960			0,18	0,09		0,18	0,09		0,09	1	5
	1970			0,77	0,09		0,77	0,09			2	11
	1980			0,77	0,09		0,77	0,09			2	6
	1982	0,33	0,77	0,77	0,09		0,77	0,09				

Tab. 20

DIETIKON

Bebauung und Einwohner
innerhalb Bauzone
Stand 1960/1970/1980/1982

(Zahlen in Hektaren)

		Bauzone total	Bauzone ohne bestehende und geplante Verkehrsflächen	Bebaute Parzellen	Davon nicht zonenart-konform genutzte Fläche	Baulich ausgenützter Anteil der bebauten Parzellen	Davon nicht zonenartkonform ausgenützter Anteil	Baulich nicht ausgenützter Anteil der bebauten Parzellen (2 - 5)	Nicht bebaute Parzellen (2 - 3)	Anzahl Haushaltungen	Anzahl Einwohner
		1	2	3	4	5	6	7	8	9	10
Bauzone total	1960		169,91	64,89	18,57	48,39	11,57	16,50	105,01	765	2824
	1970		165,26	82,46	19,95	65,47	12,86	16,99	82,80	1314	4369
	1980	180,02	158,65	102,50	20,24	83,87	13,49	18,63	56,15	1492	4335
	1982		158,65	104,75	20,55	86,12	13,80	18,63	53,90		
EFH-Zone	1960		53,66	24,99	3,35	20,26	3,03	4,71	78,67	388	1504
	1970		52,94	29,78	4,39	24,60	3,88	4,98	23,16	501	1764
	1980	57,54	50,18	34,61	4,39	29,69	3,88	4,92	15,57	541	1541
	1982		50,18	35,60	4,39	30,68	3,88	4,92	14,58		
HFH-Zone	1960		38,79	11,90	10,69	8,51	7,40	3,39	26,89	231	789
	1970		36,67	17,04	11,08	13,50	7,84	3,24	19,63	673	2146
	1980	41,56	34,80	20,32	11,56	17,22	6,47	3,10	14,48	817	2350
	1982		34,80	20,90	11,87	17,60	8,75	3,10	13,90		
Kern-Zone	1960		6,26	4,70	W 4,16	3,84	Ldw —	0,96	1,56	121	403
	1970		5,93	4,79		3,93	0,50	0,86	1,14	117	363
	1980	7,40	5,61	4,96		4,10	0,50	0,86	0,65	113	289
	1982		5,61	4,96		4,10	0,50	0,86	0,65		
Oeba-Zone	1960		15,69	3,28	0,50	2,82	Ldw 0,50	0,46	12,41	11	32
	1970		15,29	6,09	0,50	5,63	0,50	0,46	9,20	7	37
	1980	16,13	14,96	10,68	0,50	10,06	0,50	0,62	4,28	9	94
	1982		14,96	10,68	0,50	10,06	0,50	0,62	4,28		
IC-Zone	1960		55,50	20,02	3,98	12,94	IC 0,80	7,08	35,48	14	96
	1970		54,43	24,76	3,98	17,31	0,64	7,45	29,67	16	59
	1980	57,39	53,10	31,93	3,79	22,80	0,64	9,13	21,17	17	61
	1982		53,10	32,61	3,79	23,44	0,64	9,13	20,49		

Tab. 21

LOSTORF

Bebauung und Einwohner innerhalb Bauzone
Stand 1960/1970/1980/1983

(Zahlen in Hektaren)

		Bauzone total	Bauzone ohne bestehende und geplante Verkehrsflächen	Bebaute Parzellen	Davon nicht zonenart-konform genutzte Fläche	Baulich ausgenützter Anteil der bebauten Parzellen	Davon nicht zonenartkonform ausgenützter Anteil	Baulich nicht ausgenützter Anteil der bebauten Parzellen (3 - 5)	Nicht bebaute Parzellen (2 - 3)	Anzahl Haushaltungen	Anzahl Einwohner
		1	2	3	4	5	6	7	8	9	10
Bauzone total	1960		145,84	40,47	3,50	26,14	2,11	14,33	105,37	356	1255
	1970		144,66	60,65	3,77	42,12	2,38	18,73	83,81	510	1776
	1980		140,36	82,30	6,81	61,82	4,69	20,48	58,06	729	2166
	1983	156,19	140,36	85,07	6,81	65,38	4,69	19,69	55,29		
EFH-Zone	1960		110,37	22,90	3,05	14,07	1,91	8,83	87,47	204	733
	1970		109,44	38,39	3,32	26,18	2,18	12,21	71,05	325	1173
	1980		105,85	57,91	6,36	43,07	4,49	14,84	47,94	527	1588
	1983	117,71	105,85	60,68	6,36	45,84	4,49	14,84	45,17		
HFH-Zone	1960		1,17						1,17	-	-
	1970		1,13	0,46		0,46			0,67	31	102
	1980		1,10	1,10		1,10			-	60	179
	1983	1,22	1,10	1,10		1,10					
Kern-Zone	1960		14,99	11,49	W 8,33	8,82	W 6,57	2,67	3,50	149	507
	1970		14,97	12,10		9,28		2,82	2,87	150	476
	1980		14,52	12,00		9,19		2,81	2,52	137	379
	1983	16,65	14,52	12,00	Ldw 1,82	9,19	Ldw 0,97	2,81	2,52		
OeBa-Zone	1960		9,37	4,93		2,74		2,19	4,44	2	8
	1970		9,27	6,68		4,49		2,19	2,59	2	8
	1980		9,12	7,36		5,17		2,19	1,76	2	4
	1983	10,12	9,12	7,36	0,14	5,96	0,14	1,40	1,76		
IG-Zone	1960		9,94	1,15		0,51		0,64	8,79	1	7
	1970		9,85	3,22		1,71		1,51	6,63	2	17
	1980		9,77	3,93		3,29		0,64	5,84	3	16
	1983	10,48	9,77	3,93	IG 0,31	3,29	IG 1,65	0,64	5,84		

- 148 -

Tab. 22
EGERKINGEN

Bebauung und Einwohner
Innerhalb Bauzone
Stand 1960/1970/1980/1981

(Zahlen in Hektaren)

		1	2	3	4	5	6	7	8	9	10
		Bauzone total	Bauzone ohne bestehende und geplante Verkehrsflächen	Bebaute Parzellen	Davon nicht zonenart-konform genutzte Fläche	Baulich ausgenützter Anteil der bebauten Parzellen	Davon nicht zonenartkonform ausgenützter Anteil	Baulich nicht ausgenützter Anteil der bebauten Parzellen (3-5)	Nicht bebaute Parzellen (2-3)	Anzahl Haushaltungen	Anzahl Einwohner
Bauzone total	1960		124,91	34,22	5,72	22,01	3,41	12,22	90,69	351	1293
	1970		119,23	55,42	7,28	35,65	4,96	19,78	63,81	470	1638
	1980		116,07	78,12	11,14	55,14	8,77	22,98	37,96	672	2002
	1981	130,99	116,07	78,39	11,32	55,41	8,94	22,98	37,69		
EFH-Zone	1960		51,64	21,76	2,61	13,66	2,32	8,10	29,88	225	829
	1970		49,99	25,81	3,05	16,54	2,75	9,27	24,18	261	963
	1980		48,37	35,00	6,66	24,28	6,30	10,72	13,37	349	1116
	1981	55,66	48,37	35,27	6,84	24,55	6,47	10,72	13,10		
MFH-Zone	1960		9,91	2,15	2,15	0,37	0,37	1,78	7,76	6	21
	1970		9,49	3,93	2,99	2,16	1,22	1,78	5,56	98	308
	1980		9,16	5,73	3,06	3,95	1,29	1,78	3,43	214	547
	1981	10,22	9,16	5,73	3,06	3,95	1,29	1,78	3,43		
Kern-Zone	1960		6,07	6,29		4,74		1,55	1,78	101	379
	1970		7,98	7,27		5,12		2,15	0,71	90	291
	1980		7,84	7,31	W: 4,42 Ldw: 0,78	5,16 W: 3,29	Ldw: 0,47	2,15	0,53	88	259
	1981	9,13	7,84	7,31	IG: 2,11	5,16	IG: 1,40	2,15	0,53		
OeBa-Zone	1960		6,43	0,91		0,85		0,06	5,52	3	9
	1970		6,06	4,26	-	2,50	-	1,76	1,80	3	13
	1980		5,99	5,39	-	3,63	-	1,76	0,61	3	12
	1981	6,59	5,99	5,39	-	3,63	-	1,76	0,61		
IG-Zone	1960		48,86	3,11	0,96	2,39	0,72	0,73	45,75	16	55
	1970		45,71	14,15	1,24	9,33	0,99	4,82	31,56	18	63
	1980		44,71	24,69	1,42	18,12	1,18	6,57	20,02	18	68
	1981	49,39	44,71	24,69	1,42	18,12	1,18	6,57	20,02		

Tab. 23
NIEDERBUCHSITEN

Bebauung und Einwohner innerhalb Bauzone
Stand 1960/1970/1980

(Zahlen in Hektaren)

		1	2	3	4			5	6			7	8	9	10
		Bauzone total	Bauzone ohne bestehende und geplante Verkehrsflächen	Bebaute Parzellen	Davon nicht zoneart-konform genutzte Fläche			Baulich ausgenützter Anteil der bebauten Parzellen	Davon nicht zoneartkonform ausgenützter Anteil			Baulich nicht ausgenützter Anteil der bebauten Parzellen (3 - 5)	Nicht bebaute Parzellen (2 - 3)	Anzahl Haushaltungen	Anzahl Einwohner
						W	Ldw			Ldw	IG				
Bauzone total	1960	48,99	43,50	18,89	1,28			14,00	1,02			4,89	24,61	131	530
	1970			21,34	1,05			16,54	0,85			4,80	22,16	146	604
	1980			23,00	1,05			18,40	0,85			4,61	20,50	171	618
EFH-Zone	1960	25,40	22,20	9,28	1,10			5,42	0,90			3,85	12,92	64	265
	1970			10,88	0,87			7,07	0,67			3,80	11,32	78	326
	1980			12,39	0,87			8,60	0,67			3,80	9,81	97	342
MFH-Zone	1960	1,40	1,22	0,31	-			0,09	-			0,22	0,91	6	20
	1970			0,31	-			0,13	-			0,18	0,91	6	17
	1980			0,41	-			0,41	-			-	0,81	19	43
Kern-Zone	1960	9,39	8,25	7,29		W	Ldw	6,48				0,81	0,96	55	225
	1970			7,41		2,58	4,04	6,60		Ldw	IG	0,81	0,84	59	248
	1980			7,46				6,65		2,22	3,68 / 0,75	0,81	0,79	50	216
OeBa-Zone	1960	3,65	3,37	0,54	-			0,54	-			-	2,83	1	2
	1970			1,27	-			1,27	-			-	2,10	1	2
	1980			1,27	-			1,27	-			-	2,10	1	2
IG-Zone	1960	9,15	8,46	1,47	0,18			1,47	0,18			-	6,99	5	18
	1970			1,47	0,18			1,47	0,18			-	6,99	2	11
	1980			1,47	0,18			1,47	0,18			-	6,99	4	15

Tab. 24

AEDERHAHNSDORF

Bebauung und Einwohner innerhalb Bauzone
Stand 1960/1970/1980/1982

(Zahlen in Hektaren)

		1 Bauzone total	2 Bauzone ohne bestehende und geplante Verkehrsflächen	3 Bebaute Parzellen	4 Davon nicht zonenart-konform genutzte Fläche			5 Baulich ausgenützter Anteil der bebauten Parzellen	6 Davon nicht zonenartkonform ausgenützter Anteil			7 Baulich nicht ausgenützter Anteil der bebauten Parzellen (3-5)	8 Nicht bebaute Parzellen (2-3)	9 Anzahl Haushaltungen	10 Anzahl Einwohner
					W	Ldw	IC		W	Ldw	IC				
Bauzone total	1960	27,43		10,26		2,44		6,02		1,07		4,24	15,16	80	323
	1970			11,18		2,03		7,21		0,94		3,96	14,25	84	332
	1980		25,42	12,88		2,22		8,62		1,12		4,26	12,53	93	335
	1982			13,24		2,56		8,98		1,47		4,26	12,18		
EFH-Zone	1960	17,05		4,93		1,14		3,03		0,62		1,90	11,19	44	184
	1970			4,83		0,65		3,20		0,40		1,62	11,30	50	194
	1980		16,12	6,48		0,83		4,57		0,58		1,91	9,64	65	201
	1982			6,66		1,00		4,75		0,76		1,91	9,46		
MFH-Zone	1960															
	1970															
	1980															
	1982				1,64				1,00							
Kern-Zone	1960			2,10			0,21		1,46		0,15		0,64	0,31	27	108
	1970			2,10			0,23		1,46		0,15		0,64	0,31	23	101
	1980	2,82	2,42	2,10			0,23		1,46		0,15		0,64	0,31	18	101
	1982			2,10			0,23	0,25	1,46		0,15	0,25	0,64	0,31		
OeBa-Zone	1960			0,56			0,23		0,48		0,15		0,08	1,93	5	13
	1970			0,94			0,23		0,86		0,15		0,08	1,55	6	12
	1980	2,66	2,49	0,94			0,23		0,86		0,15		0,08	1,55	3	7
	1982			0,94					0,86				0,08	1,55		
IC-Zone	1960			2,67		1,07			1,04		0,30		1,63	1,73	4	18
	1970			3,31		1,16			1,68		0,39		1,63	1,08	5	25
	1980	4,89	4,39	3,36		1,16			1,73		0,39		1,63	1,03	7	26
	1982			3,53		1,33			1,91		0,56		1,63	0,86		

Tab. 25

WITTERSWIL
Bebauung und Einwohner innerhalb Bauzone
Stand 1960/1970/1980/1983

(Zahlen in Hektaren)

		Bauzone total (1)	Bauzone ohne bestehende und geplante Verkehrsflächen (2)	Bebaute Parzellen (3)	Davon nicht zonenart-konform genutzte Fläche (4)			Baulich ausgenutzter Anteil der bebauten Parzellen (5)	Davon nicht zonenartkonform ausgenutzter Anteil (6)			Baulich nicht ausgenutzter Anteil der bebauten Parzellen (3-5) (7)	Nicht bebaute Parzellen (2-3) (8)	Anzahl Haushaltungen (9)	Anzahl Einwohner (10)
					W	Ldw	IG		W	Ldw	IG				
Bauzone total	1960		36,27	8,98				7,08				1,89	27,29	87	330
	1970		35,33	14,09	1,16			12,18	0,61			1,89	21,24	190	662
	1980		33,61	20,73	1,16			18,83	0,61			1,89	12,83	306	921
	1983	38,25	33,61	21,45	1,82			19,55	1,28			1,89	12,17		
EFH-Zone	1960		28,52	4,07	1,82			2,65	1,28			1,42	24,45	39	137
	1970		27,58	9,18	1,06			7,75	0,51			1,42	18,40	145	485
	1980		26,03	14,90	1,06			13,48	0,51			1,42	11,13	238	730
	1983	29,82	26,03	15,62	1,72			14,20	1,18			1,42	10,41		
MFH-Zone	1960				1,72				1,18						
	1970															
	1980															
	1983															
Kern-Zone	1960		5,23	4,51				4,03				0,47	0,72	46	183
	1970		5,23	4,51		3,09		4,03		2,75		0,47	0,72	43	177
	1980		5,20	4,47		1,77		3,99		1,14		0,47	0,74	66	186
	1983	5,77	5,20	4,47				3,99				0,47	0,74		
OeBa-Zone	1960		2,52	0,40		0,10		0,40		0,10		—	2,12	2	10
	1970		2,52	0,40		0,10		0,40		0,10		—	2,12	2	5
	1980		2,36	1,36		0,10		1,36		0,10		—	1,02	2	3
	1983	2,66	2,36	1,36		0,10		1,36		0,10		—	1,02		
IG-Zone	1960						0,10				0,10				
	1970															
	1980															
	1983															

Tab. 26

H O C H W A L D

Bebauung und Einwohner
innerhalb Bauzone
Stand 1960/1970/1980/1983

(Zahlen in Hektaren)

		Bauzone total (1)	Bauzone ohne bestehende und geplante Verkehrsflächen (2)	Bebaute Parzellen (3)	Davon nicht zonenart-konform genutzte Fläche (4)	Baulich ausgenutzter Anteil der bebauten Parzellen (5)	Davon nicht zonenartkonform ausgenutzter Anteil (6)	Baulich nicht ausgenutzter Anteil der bebauten Parzellen (3-5) (7)	Nicht bebaute Parzellen (2-3) (8)	Anzahl Haushaltungen (9)	Anzahl Einwohner (10)
Bauzone total	1960	61,83	56,42	13,72	1,31	10,82	0,72	2,90	42,70	126	396
	1970			19,20	1,31	14,08	0,72	5,12	37,22	137	438
	1980			29,22	1,44	21,76	0,77	7,46	27,21	185	546
	1983			31,85	1,44	24,39	0,77	7,46	24,58		
EFH-Zone	1960	48,75	44,60	3,98	0,65	2,23	0,23	1,76	40,62	11	35
	1970			9,45	0,65	5,48	0,23	3,97	35,15	21	81
	1980			19,12	0,93	12,81	0,42	6,31	25,48	88	271
	1983			21,75	0,93 Ldw	15,45	0,42 Ldw	6,31	22,85		
Kern-Zone	1960	4,96	4,32	4,23		3,55		0,68	0,09	61	187
	1970			4,24		3,56		0,68	0,08	63	195
	1980			4,32		3,64 W	0,82	0,68	–	54	150
	1983			4,32	0,57	3,64	0,50 IC	0,68	–		
Ldw.-Kern-Zone	1960	5,05	4,60	4,13		3,82		0,30	0,47	48	154
	1970			4,13		3,82		0,30	0,47	47	144
	1980			4,17	1,96	3,87 1,83	1,80	0,30	0,43	41	121
	1983			4,17	0,74 IC	3,87	0,74	0,30	0,43		
Hofstatt-Zone	1960	0,62	0,59	0,39	0,08	0,39	0,08	–	0,20	1	5
	1970			0,39		0,39		–	0,20	1	3
	1980			0,39		0,39 0,21		–	0,20	1	3
	1983			0,39		0,39		–	0,20		
Oeffe-Zone	1960	2,45	2,31	0,99	0,66	0,82	0,49	0,16	1,32	5	15
	1970			0,99	0,66	0,82	0,49	0,16	1,32	5	15
	1980			1,21	0,51	1,05	0,35	0,16	1,10	1	1
	1983			1,21	0,51	1,05	0,35	0,16	1,10		

Tab. 27

ERSCHWIL

Bebauung und Einwohner innerhalb Bauzone
Stand 1960/1970/1980/1982

(Zahlen in Hektaren)

		1 Bauzone total	2 Bauzone ohne bestehende und geplante Verkehrsflächen	3 Bebaute Parzellen	4 Davon nicht zonenart-konform genutzte Fläche	5 Baulich ausgenutzter Anteil der bebauten Parzellen	6 Davon nicht zonenartkonform ausgenutzter Anteil	7 Baulich nicht ausgenutzter Anteil der bebauten Parzellen (3-5)	8 Nicht bebaute Parzellen (2-3)	9 Anzahl Haushaltungen	10 Anzahl Einwohner
Bauzone total	1960			13,85	1,04	12,21	0,86	1,64	26,60	180	747
	1970			16,37	1,27	14,51	1,09	1,86	24,08	201	800
	1980	44,97	40,45	20,47	1,56	18,59	1,42	1,89	19,98	231	749
	1982			20,54	1,56	18,66	1,42	1,89	19,91		
EFH-Zone	1960			7,34	0,55	5,88	0,55	1,46	20,70	72	295
	1970			9,86	0,78	8,18	0,78	1,68	18,18	105	442
	1980	31,04	28,04	12,31	1,07	10,61	1,11	1,71	15,73	136	463
	1982			12,38	1,07	10,68	1,11	1,71	15,66		
MFH-Zone	1960			-	-	-	-	-	0,72	-	-
	1970			-	-	-	-	-	0,72	-	-
	1980	0,80	0,72	-	-	-	-	-	0,72	-	-
	1982			-	-	-	-	-	0,72		
Kern-Zone	1960			4,68	Ldw 0,67	4,68	Ldw 0,67	-	0,31	104	435
	1970			4,68	W 3,38	4,68	W 3,38	-	0,31	92	339
	1980	5,97	4,99	4,68	IC 0,63	4,68	IC 0,63	-	0,31	91	270
	1982			4,68		4,68		-	0,31		
OeBa-Zone	1960			0,77	-	0,77	-	-	1,99	1	5
	1970			0,77	-	0,77	-	-	1,99	1	6
	1980	2,89	2,76	2,16	-	2,16	-	-	0,60	1	5
	1982			2,16	-	2,16	-	-	0,60		
IG-Zone	1960			1,06	0,49	0,88	0,31	0,18	2,88	3	17
	1970			1,06	0,49	0,88	0,31	0,18	2,88	3	13
	1980	4,27	3,94	1,32	0,49	1,14	0,31	0,18	2,62	3	11
	1982			1,32	0,49	1,14	0,31	0,18	2,62		

Tab. 28

Zusammenfassung:
Dulliken, Lostorf, Laerkingen,
Oekingen, Wittersvil

Verkehrsfläche mit öffentlichem
Charakter innerhalb Bauzone
Stand 1960/1970/1980

(Länge in Kilometer)
(Fläche in Hektaren)

		Verkehrsfläche total	%*	Hauptverkehrsstr. (HVS) Länge	Fläche	Sammelstrassen (SS) Länge	Fläche	Erschliessungsstr. (ES) Länge	Fläche
Bauzone total	1960	30,19	100	9,19	8,47	19,47	9,44	31,54	12,28
	1970	42,82	142	9,19	9,18	24,98	15,39	41,34	18,25
	1980	50,90	169	9,19	10,10	27,14	18,17	48,14	22,63
	geplant	9,95	33	-	-	1,70	2,78	8,72	7,17
EFH-Zone	1960	17,53	100		3,23	6,17		8,13	
	1970	21,95	125		3,25	8,03		10,67	
	1980	27,61	158		3,73	9,84		14,04	
	geplant	5,53	32		-	1,21		4,32	
MFH-Zone	1960	3,24	100		1,56	0,64		1,04	
	1970	5,83	180		1,99	1,80		2,04	
	1980	6,26	193		2,02	2,01		2,23	
	geplant	1,81	56		-	0,64		1,17	
Kern-Zone	1960	4,86	100		2,31	0,96		1,59	
	1970	5,30	109		2,31	1,06		1,93	
	1980	5,72	118		2,55	1,16		2,01	
	geplant	0,72	15		-	0,23		0,49	
OeBa-Zone	1960	1,59	100		0,40	0,64		0,55	
	1970	2,48	156		0,41	0,93		1,14	
	1980	2,91	183		0,53	1,13		1,25	
	geplant	0,33	21		-	0,23		0,10	
IG-Zone	1960	2,97	100		0,97	1,03		0,97	
	1970	7,26	244		1,22	3,57		2,47	
	1980	8,40	283		1,27	4,03		3,10	
	geplant	1,56	52		-	0,47		1,09	

* Verkehrsflächenzunahme in Prozenten (1960:100%)

Tab. 29

G E R L A F I N G E N

Verkehrsfläche mit öffentlichem
Charakter innerhalb Bauzone
Stand 1982

(Länge in Kilometer)
(Fläche in Hektaren)

		Verkehrsfläche total	Hauptverkehrsstr. (HVS) Länge	Fläche	Sammelstrassen (SS) Länge	Fläche	Erschliessungsstr. (ES) Länge	Fläche
Bauzone total	1982 geplant	12,49 1,07	3,88 -	4,22 -	5,57 -	3,77 0,09	8,89 1,49	4,50 0,98
EFH-Zone	1982 geplant	5,68 0,59		0,86 -		1,89 0,02		2,93 0,57
MFH-Zone	1982 geplant	3,60 0,35		1,61 -		0,94 0,05		1,05 0,30
Kern-Zone	1982 geplant	2,20 -		1,42 -		0,46 -		0,32 -
OeBa-Zone	1982 geplant	0,73 0,03		0,19 -		0,37 0,07		0,17 0,01
IG-Zone	1982 geplant	0,28 0,10		0,14 -		0,11 -		0,03 0,10

Tab. 30

OIKINGEN

Verkehrsfläche mit öffentlichem
Charakter innerhalb Bauzone

Stand 1960/1970/1983

(Länge in Kilometer) (Fläche in Hektaren)		Verkehrsfläche total	Hauptverkehrsstr. (HVS)		Sammelstrassen (SS)		Erschliessungsstr. (ES)	
			Länge	Fläche	Länge	Fläche	Länge	Fläche
Bauzone total	1960	1,44	1,49	0,84	0,84	0,30	1,08	0,30
	1970	1,62	1,49	0,85	1,13	0,47	1,08	0,30
	1983	3,02	1,49	1,09	2,14	1,06	2,45	0,87
	geplant	0,62	-	-	0,21	0,18	0,82	0,44
EFH-Zone	1960	0,75		0,38		0,16		0,21
	1970	0,90		0,38		0,31		0,21
	1983	2,04		0,48		0,83		0,73
	geplant	0,56		-		0,12		0,44
MFH-Zone	1960	0,11		0,04		0,06		0,01
	1970	0,12		0,04		0,07		0,01
	1983	0,15		0,04		0,04		0,03
	geplant	-		-		-		-
Kern-Zone	1960	0,47		0,40		0,06		0,01
	1970	0,48		0,40		0,07		0,01
	1983	0,67		0,53		0,12		0,02
	geplant	0,01		-		0,01		-
OeBa-Zone	1960	0,11		0,02		0,02		0,07
	1970	0,12		0,03		0,02		0,07
	1983	0,16		0,04		0,03		0,09
	geplant	0,05		-		0,05		-
IG-Zone	1960							
	1970							
	1983							
	geplant							

Tab. 31

L U E T E R K O F E N – I C H E R T S W I L

Verkehrsfläche mit öffentlichem
Charakter innerhalb Bauzone

Stand 1982

(Länge in Kilometer)
(Fläche in Hektaren)

		Verkehrsfläche total	Hauptverkehrsstr. (HVS) Länge	Fläche	Sammelstrassen (SS) Länge	Fläche	Erschliessungsstr. (ES) Länge	Fläche
Bauzone total	1982	3,87	1,36	0,91	1,34	1,02	4,42	1,94
	geplant	-	-	-	-	-	-	-
EFH-Zone	1982	2,52		0,69		0,51		1,37
	geplant	-		-		-		-
MFH-Zone	1982							
	geplant							
Kern-Zone	1982	1,07		0,22		0,43		0,42
	geplant	-		-		-		-
OeBa-Zone	1982	0,20		-		0,04		0,16
	geplant	-		-		-		-
IC-Zone	1982	0,08		-		0,04		0,04
	geplant	-		-		-		-

Tab. 32

O B E R R A M S E R N

Verkehrsfläche mit öffentlichem
Charakter innerhalb Bauzone

Stand 1982

(Länge in Kilometer) (Fläche in Hektaren)		Verkehrsfläche total	Hauptverkehrsstr. (HVS) Länge	Fläche	Sammelstrassen (SS) Länge	Fläche	Erschliessungsstr. (ES) Länge	Fläche
Bauzone total	1982 geplant	0,37 -	0,31 -	0,20 -			0,47 -	0,17 -
EFH-Zone	1982 geplant							
MFH-Zone	1982 geplant							
Kern-Zone	1982 geplant	0,30 -		0,18 -			0,12 -	
OeBa-Zone	1982 geplant	0,02 -		0,01 -			0,01 -	
IG-Zone	1982 geplant	0,05 -		0,01 -			0,04 -	

Tab. 33   DULLIKEN

Verkehrsfläche mit öffentlichem
Charakter innerhalb Bauzone

Stand 1960/1970/1982

(Länge in Kilometer) (Fläche in Hektaren)		Verkehrsfläche total	Hauptverkehrsstr. (HVS) Länge	Fläche	Sammelstrassen (SS) Länge	Fläche	Erschliessungsstr. (ES) Länge	Fläche
Bauzone total	1960	10.10	2.29	2.55	3.25	2.36	10.96	5.20
	1970	14.75	2.29	3.23	4.95	4.22	13.59	7.30
	1982	16.46	2.29	3.26	5.46	4.87	14.82	8.33
	geplant	4.87	-	-	0.99	1.36	3.79	3.51
EFH-Zone	1960	3.88		0.13		0.96		2.79
	1970	4.60		0.13		1.10		3.37
	1982	5.50		0.13		1.41		3.96
	geplant	1.85		-		0.37		1.48
MFH-Zone	1960	2.77		1.46		0.45		0.86
	1970	4.89		1.89		1.37		1.63
	1982	5.02		1.92		1.40		1.70
	geplant	1.73		-		0.64		1.09
Kern-Zone	1960	1.13		0.45		-		0.68
	1970	1.46		0.45		0.01		1.00
	1982	1.53		0.45		0.03		1.05
	geplant	0.25		-		0.11		0.14
OeBa.-Zone	1960	0.43		-		0.35		0.08
	1970	0.84		-		0.52		0.32
	1982	0.93		-		0.59		0.34
	geplant	0.23		-		0.14		0.09
IG-Zone	1960	1.89		0.51		0.59		0.79
	1970	2.96		0.76		1.22		0.98
	1982	3.48		0.76		1.44		1.28
	geplant	0.81		-		0.10		0.71

Tab. 34 OSTORF

Verkehrsfläche mit öffentlichem
Charakter innerhalb Bauzone
Stand 1960/1970/1983

(Länge in Kilometer) (Fläche in Hektaren)		Verkehrsfläche total	Hauptverkehrsstr. (HVS) Länge	Fläche	Sammelstrassen (SS) Länge	Fläche	Erschliessungsstr. (ES) Länge	Fläche
Bauzone total	1960	10,58	2,33	2,32	10,48	4,23	11,57	4,03
	1970	11,76	2,33	2,34	10,48	4,91	12,17	4,51
	1983	14,25	2,33	2,79	10,61	5,47	14,43	5,99
	geplant	2,09	-	-	0,28	0,51	1,95	1,58
EFH-Zone	1960	7,58		0,86		3,38		3,34
	1970	8,52		0,88		3,86		3,78
	1983	10,65		1,12		4,30		5,23
	geplant	1,45		-		0,31		1,14
MFH-Zone	1960	0,05		-		0,02		0,03
	1970	0,09		-		0,04		0,05
	1983	0,12		-		0,05		0,07
	geplant	-		-		-		-
Kern-Zone	1960	1,66		1,02		0,21		0,43
	1970	1,68		1,02		0,23		0,43
	1983	1,78		1,12		0,23		0,43
	geplant	0,35		-		0,10		0,25
OeBa-Zone	1960	0,75		0,29		0,23		0,23
	1970	0,85		0,22		0,31		0,75
	1983	0,99		0,45		0,38		0,76
	geplant	0,01		-		-		0,01
IG-Zone	1960	0,54		0,15		0,39		-
	1970	0,62		0,15		0,47		-
	1983	0,71		0,20		0,51		-
	geplant	0,28		-		0,10		0,18

Tab. 35

E G E R K I N G E N

Verkehrsfläche mit öffentlichem
Charakter innerhalb Bauzone

Stand 1960/1970/1981

(Länge in Kilometer) (Fläche in Hektaren)		Verkehrsfläche total	Hauptverkehrsstr. (HVS)		Sammelstrassen (SS)		Erschliessungsstr. (ES)	
			Länge	Fläche	Länge	Fläche	Länge	Fläche
Bauzone total	1960	6,09	1,44	1,58	3,90	2,25	6,56	2,26
	1970	11,76	1,44	1,58	6,99	5,15	12,22	5,03
	1981	13,05	1,44	1,58	7,13	5,79	12,92	5,68
	geplant	1,86	-	-	0,11	0,59	1,51	1,27
EFH-Zone	1960	4,02				1,43		1,53
	1970	5,67				2,19		2,42
	1981	6,09				2,44		2,59
	geplant	1,21				0,31		0,90
MFH-Zone	1960	0,31				0,11		0,14
	1970	0,73				0,32		0,35
	1981	0,97				0,48		0,43
	geplant	0,08				-		0,08
Kern-Zone	1960	1,06				0,66		0,25
	1970	1,14				0,72		0,27
	1981	1,19				0,75		0,29
	geplant	0,10				0,01		0,09
OeBa-Zone	1960	0,16				-		0,16
	1970	0,53				0,04		0,49
	1981	0,55				0,04		0,54
	geplant	0,01				0,01		-
IG-Zone	1960	0,54			0,31	0,05		0,18
	1970	3,68			0,31	1,55		1,49
	1981	4,21			0,31	2,08		1,82
	geplant	0,47			-	0,27		0,20

Tab. 36   NIEDERBUCHSITEN

Verkehrsfläche mit öffentlichem
Charakter innerhalb Bauzone

Stand 1980

(Länge in Kilometer)
(Fläche in Hektaren)

		Verkehrsfläche total	Hauptverkehrsstr. (HVS) Länge	Fläche	Sammelstrassen (SS) Länge	Fläche	Erschliessungsstr. (ES) Länge	Fläche
Bauzone total	1980	3,37	2,28	1,68	0,76	0,54	2,70	1,15
	geplant	2,12	0,26	0,61	-	0,05	2,31	1,46
EFH-Zone	1980	1,78		0,66		0,32	0,80	0,80
	geplant	1,42		0,33		0,02		1,07
MFH-Zone	1980	0,13		0,01		-	0,12	0,12
	geplant	0,05		-		-		0,05
Kern-Zone	1980	0,91		0,76		0,11	0,04	0,04
	geplant	0,23		0,21		0,07		-
OeBa-Zone	1980	0,08		0,08		-	-	-
	geplant	0,20		0,07		-		0,13
IG-Zone	1980	0,47		0,17		0,11	0,19	0,19
	geplant	0,22		-		0,01		0,21

Tab. 37

A E D E R M A N N S D O R F

Verkehrsfläche mit öffentlichem
Charakter innerhalb Bauzone

Stand 1982

(Länge in Kilometer) (Fläche in Hektaren)		Verkehrsfläche total	Hauptverkehrsstr. (HVS)		Sammelstrassen (SS)		Erschliessungsstr. (ES)	
			Länge	Fläche	Länge	Fläche	Länge	Fläche
Bauzone total	1982 geplant	2,00 0,77	- -	- -	0,30 -	0,24 -	3,48 1,05	1,76 0,77
EFH-Zone	1982 geplant	0,92 0,65				0,06 -		0,86 0,65
MFH-Zone	1982 geplant							
Kern-Zone	1982 geplant	0,41 0,04		- -		0,18 -		0,23 0,04
OeBa-Zone	1982 geplant	0,17 0,08		- -		- -		0,17 0,05
IG-Zone	1982 geplant	0,50 -		- -		- -		0,50 -

Tab. 38   W I T T E R S W I L

Verkehrsfläche mit öffentlichem
Charakter innerhalb Bauzone

Stand 1960/1970/1983

(Länge in Kilometer)
(Fläche in Hektaren)

		Verkehrsfläche total	Hauptverkehrsstr. (HVS) Länge	Hauptverkehrsstr. (HVS) Fläche	Sammelstrassen (SS) Länge	Sammelstrassen (SS) Fläche	Erschliessungsstr. (ES) Länge	Erschliessungsstr. (ES) Fläche
Bauzone total	1960	1,98	1,64	1,18	0,95	0,31	1,37	0,49
	1970	2,94	1,64	1,18	1,43	0,64	2,28	1,12
	1983	4,13	1,64	1,38	1,80	0,98	3,52	1,77
	geplant	0,50	-	-	0,11	0,13	0,65	0,37
EFH-Zone	1960	1,30		0,80		0,24		0,26
	1970	2,26		0,80		0,57		0,89
	1983	3,33		0,94		0,86		1,53
	geplant	0,46		-		0,10		0,36
MFH-Zone	1960							
	1970							
	1983							
	geplant							
Kern-Zone	1960	0,54		0,29		0,03		0,22
	1970	0,54		0,29		0,03		0,22
	1983	0,55		0,30		0,03		0,22
	geplant	0,01		-		-		0,01
OeBa-Zone	1960	0,14		0,09		0,04		0,01
	1970	0,14		0,09		0,04		0,01
	1983	0,25		0,14		0,09		0,02
	geplant	0,03		-		0,03		-
IC-Zone	1960							
	1970							
	1983							
	geplant							

Tab. 39   H O C H W A L D

Verkehrsfläche mit öffentlichem
Charakter innerhalb Bauzone

Stand 1983

(Länge in Kilometer) (Fläche in Hektaren)		Verkehrsfläche total		Hauptverkehrsstr. (HVS) Länge	Fläche	Sammelstrassen (SS) Länge	Fläche	Erschliessungsstr. (ES) Länge	Fläche
Bauzone total	1983 geplant	4,75 0,66		0,80 -	0,58 0,04	2,52 -	1,30 0,19	6,86 0,60	2,87 0,43
EFH-Zone	1983 geplant	3,53 0,62			0,08 -		1,10 0,19		2,35 0,43
Kern-Zone	1983 geplant	0,60 0,03			0,15 0,03		0,19 -		0,26 -
Lgw.-Kern-Zone	1983 geplant	0,45 -			0,23 -		- -		0,22 -
Hofstatt-Zone	1983 geplant	0,03 -			0,01 -		- -		0,02 -
OeBa-Zone	1983 geplant	0,14 0,01			0,11 0,01		0,01 -		0,02 -

Tab. 40

E R S C H W I L

Verkehrsfläche mit öffentlichem
Charakter innerhalb Bauzone

Stand 1982

(Länge in Kilometer) (Fläche in Hektaren)		Verkehrsfläche total	Hauptverkehrsstr. (HVS)		Sammelstrassen (SS)		Erschliessungsstr. (ES)	
			Länge	Fläche	Länge	Fläche	Länge	Fläche
Bauzone total	1982 geplant	3,11 1,39	1,25 -	1,29 -	2,31 0,59	1,16 0,28	1,91 2,59	0,76 1,11
EFH-Zone	1982 geplant	1,84 1,15		0,62 -		0,75 0,18		0,47 0,97
MFH-Zone	1982 geplant	0,08 -		0,08 -		- -		- -
Kern-Zone	1982 geplant	0,93 0,04		0,46 -		0,37 0,04		0,10 -
OeBa-Zone	1982 geplant	0,09 0,04		- -		0,03 -		0,06 0,04
IG-Zone	1982 geplant	0,17 0,16		0,03 -		0,01 0,06		0,13 0,10

Tab. 41

Zusammenfassung:
11 Testgemeinden

Bebauung und Einwohner
ausserhalb der Bauzone
Stand 1960/1970/1982*

(Flächen in Hektaren)

*Haushaltungen und
Einwohner 1980

		Baulich ausgenützte Fläche	Zunahme in % (1960:100%)	Anzahl Haushaltungen	Anzahl Einwohner
Total überbaute Fläche	1960	55,34	100	308	1443
	1970	68,33	123	329	1470
	1982	76,41	138	332	1284
Landwirtschaftsbauten	1960	36,13	100	165	837
	1970	37,56	104	150	737
	1982	40,12	111	150	624
Wohnbauten	1960	13,28	100	140	504
	1970	17,39	131	174	611
	1982	19,00	143	175	563
Oeffentliche Bauten total	1960	4,58	100	1	96
	1970	10,84	237	1	104
	1982	12,38	270	1	79
- Versorgung, Unterhalt Verkehrswege, Parkierflächen	1960	1,20			
	1970	7,21			
	1982	8,54			
- Sport und Erholung	1960	2,28			
	1970	2,28			
	1982	2,39			
- Sozial-, Gesundheits- und Kultwesen	1960	1,05		1	96
	1970	1,30		1	104
	1982	1,30			79
- Uebrige öffentliche Bauten	1960	0,05			
	1970	0,05			
	1982	0,05			
Industrie- und Gewerbebauten	1960	1,22	100	2	6
	1970	2,14	175	4	18
	1982	3,73	306	6	18
Uebrige private Bauten	1960	0,13	100		
	1970	0,40	308		
	1982	1,18	908		

Tab. 42

OEKINGEN

Bebauung und Einwohner
ausserhalb der Bauzone
Stand 1960/1970/1982*

(Flächen in Hektaren)

*Haushaltungen und
Einwohner 1985

		Baulich ausgenützte Fläche	Anzahl Haushaltungen	Anzahl Einwohner
Total überbaute Fläche	1960	4,63	31	120
	1970	4,96	34	111
	1982	6,50	39	104
Landwirtschaftsbauten	1960	2,52	12	63
	1970	2,52	10	42
	1982	3,71	16	55
Wohnbauten	1960	1,75	19	57
	1970	2,08	24	69
	1982	2,39	23	49
Oeffentliche Bauten total	1960	0,33		
	1970	0,33		
	1982	0,35		
- Versorgung, Unterhalt Verkehrswege, Parkierflächen	1960	-		
	1970	-		
	1982	0,07		
- Sport und Erholung	1960	0,08		
	1970	0,08		
	1982	0,08		
- Sozial-, Gesundheits- und Kultwesen	1960	0,25		
	1970	0,25		
	1982	0,25		
- Uebrige öffentliche Bauten	1960	-		
	1970	-		
	1982	-		
Industrie- und Gewerbebauten	1960	-		
	1970	-		
	1982	-		
Uebrige private Bauten	1960	0,03		
	1970	0,03		
	1982	0,05		

Tab. 43

LUETERKOFEN - ICHERTSWIL

Bebauung und Einwohner
ausserhalb der Bauzone
Stand 1960/1970/1982*

(Flächen in Hektaren)

*Haushaltungen und
Einwohner 1980

		Baulich ausgenützte Fläche	Anzahl Haushaltungen	Anzahl Einwohner
Total überbaute Fläche	1960	9,08	42	213
	1970	9,93	48	211
	1982	9,93	46	172
Landwirtschaftsbauten	1960	6,81	23	138
	1970	7,07	24	122
	1982	7,07	23	98
Wohnbauten	1960	1,42	19	75
	1970	2,01	24	89
	1982	2,01	23	74
Oeffentliche Bauten total	1960	0,85		
	1970	0,85		
	1982	0,85		
- Versorgung, Unterhalt Verkehrswege, Parkierflächen	1960	0,79		
	1970	0,79		
	1982	0,79		
- Sport und Erholung	1960	0,06		
	1970	0,06		
	1982	0,06		
- Sozial-, Gesundheits- und Kultwesen	1960	-		
	1970	-		
	1982	-		
- Uebrige öffentliche Bauten	1960	-		
	1970	-		
	1982	-		
Industrie- und Gewerbebauten	1960	-		
	1970	-		
	1982	-		
Uebrige private Bauten	1960	-		
	1970	-		
	1982	-		

Tab. 44

OBERAMSERN

Bebauung und Einwohner
ausserhalb der Bauzone
Stand 1960/1970/1982*

(Flächen in Hektaren)

*Haushaltungen und
Einwohner 1980

		Baulich ausgenützte Fläche	Anzahl Haushaltungen	Anzahl Einwohner
Total überbaute Fläche	1960	2,43	13	78
	1970	2,54	14	64
	1982	2,65	15	55
Landwirtschaftsbauten	1960	2,14	12	75
	1970	2,25	12	60
	1982	2,25	13	48
Wohnbauten	1960	0,29	1	3
	1970	0,29	2	4
	1982	0,29	2	7
Oeffentliche Bauten total	1960	-		
	1970	-		
	1982	0,11		
- Versorgung, Unterhalt Ver- kehrswege, Parkierflächen	1960	-		
	1970	-		
	1982	-		
- Sport und Erholung	1960	-		
	1970	-		
	1982	0,11		
- Sozial-, Gesundheits- und Kultwesen	1960	-		
	1970	-		
	1982	-		
- Uebrige öffentliche Bauten	1960	-		
	1970	-		
	1982	-		
Industrie- und Gewerbebauten	1960	-		
	1970	-		
	1982	-		
Uebrige private Bauten	1960	-		
	1970	-		
	1982	-		

Tab. 45

DULLIKEN

Bebauung und Einwohner
ausserhalb der Bauzone
Stand 1960/1970/1982*

(Flächen in Hektaren)

*Haushaltungen und
Einwohner 1980

		Baulich ausgenützte Fläche	Anzahl Haushaltungen	Anzahl Einwohner
Total überbaute Fläche	1960	5,80	38	167
	1970	6,64	37	157
	1982	7,01	37	130
Landwirtschaftsbauten	1960	3,23	20	102
	1970	3,23	16	75
	1982	3,23	12	48
Wohnbauten	1960	1,71	17	62
	1970	1,71	18	66
	1982	1,79	17	69
Oeffentliche Bauten total	1960	0,42		
	1970	0,42		
	1982	0,71		
- Versorgung, Unterhalt Verkehrswege, Parklerflächen	1960	0,18		
	1970	0,18		
	1982	0,47		
- Sport und Erholung	1960	0,23		
	1970	0,23		
	1982	0,23		
- Sozial-, Gesundheits- und Kultwesen	1960	-		
	1970	-		
	1982	-		
- Uebrige öffentliche Bauten	1960	0,01		
	1970	0,01		
	1982	0,01		
Industrie- und Gewerbebauten	1960	0,44	1	3
	1970	1,25	3	16
	1982	1,25	3	13
Uebrige private Bauten	1960	-		
	1970	-		
	1982	-		

Tab. 46

LOSTORF

Bebauung und Einwohner
ausserhalb der Bauzone
Stand 1960/1970/1982*

(Flächen in Hektaren)

*Haushaltungen und
Einwohner 1980

		Baulich ausgenützte Fläche	Anzahl Haushaltungen	Anzahl Einwohner
Total überbaute Fläche	1960	11,56	72	299
	1970	12,77	70	277
	1982	15,02	71	212
Landwirtschaftsbauten	1960	6,05	29	144
	1970	6,56	25	119
	1982	6,56	25	77
Wohnbauten	1960	3,88	42	152
	1970	4,58	44	156
	1982	4,86	43	130
Oeffentliche Bauten total	1960	1,33		
	1970	1,33		
	1982	2,33		
- Versorgung, Unterhalt Verkehrswege, Parkierflächen	1960	0,11		
	1970	0,11		
	1982	1,01		
- Sport und Erholung	1960	1,22		
	1970	1,22		
	1982	1,22		
- Sozial-, Gesundheits- und Kultwesen	1960	-		
	1970	-		
	1982	-		
- Uebrige öffentliche Bauten	1960	-		
	1970	-		
	1982	-		
Industrie- und Gewerbebauten	1960	0,30	1	3
	1970	0,30	1	2
	1982	0,59	3	5
Uebrige private Bauten	1960	-		
	1970	-		
	1982	0,68		

Tab. 47

EGERKINGEN

Bebauung und Einwohner
ausserhalb der Bauzone
Stand 1960/1970/1982*

(Flächen in Hektaren)

*Haushaltungen und
Einwohner 1980

		Baulich ausgenützte Fläche	Anzahl Haushaltungen	Anzahl Einwohner
Total überbaute Fläche	1960	7,51	20	168
	1970	9,22	19	175
	1982	9,45	18	139
Landwirtschaftsbauten	1960	0,82	6	24
	1970	1,21	4	20
	1982	1,21	5	17
Wohnbauten	1960	0,79	13	48
	1970	1,12	14	51
	1982	1,29	12	43
Oeffentliche Bauten total	1960	0,90	1	96
	1970	6,89	1	104
	1982	6,89		79
- Versorgung, Unterhalt Verkehrswege, Parkierflächen	1960	0,09		
	1970	6,08		
	1982	6,08		
- Sport und Erholung	1960	0,19		
	1970	0,19		
	1982	0,19		
- Sozial-, Gesundheits- und Kultwesen	1960	0,62	1	96
	1970	0,67	1	104
	1982	0,62		79
- Uebrige öffentliche Bauten	1960	-		
	1970	-		
	1982	-		
Industrie- und Gewerbebauten	1960			
	1970			
	1982	0,06		
Uebrige private Bauten	1960	-		
	1970	-		
	1982	-		

Tab. 48

NIEDERBUCHSITEN		Baulich ausgenützte Fläche	Anzahl Haushaltungen	Anzahl Einwohner
Total überbaute Fläche	1960	3,16	13	58
	1970	3,43	16	70
	1982	4,16	17	72
Landwirtschaftsbauten	1960	2,40	7	33
	1970	2,50	6	34
	1982	3,10	5	33
Wohnbauten	1960	0,67	6	25
	1970	0,84	10	36
	1982	0,97	12	39
Oeffentliche Bauten total	1960	0,09		
	1970	0,09		
	1982	0,09		
- Versorgung, Unterhalt Verkehrswege, Parkierflächen	1960	-		
	1970	-		
	1982	-		
- Sport und Erholung	1960	0,09		
	1970	0,09		
	1982	0,09		
- Sozial-, Gesundheits- und Kultwesen	1960	-		
	1970	-		
	1982	-		
- Uebrige öffentliche Bauten	1960	-		
	1970	-		
	1982	-		
Industrie- und Gewerbebauten	1960	-		
	1970	-		
	1982	-		
Uebrige private Bauten	1960	-		
	1970	-		
	1982	-		

Bebauung und Einwohner ausserhalb der Bauzone Stand 1960/1970/1982*

(Flächen in Hektaren)

*Haushaltungen und Einwohner 1985

Tab. 49

AEDERMANNSDORF

Bebauung und Einwohner
ausserhalb der Bauzone
Stand 1960/1970/1982*

(Flächen in Hektaren)

*Haushaltungen und
Einwohner 1980

		Baulich ausgenützte Fläche	Anzahl Haushaltungen	Anzahl Einwohner
Total überbaute Fläche	1960	6,89	46	202
	1970	6,89	43	210
	1982	7,17	40	192
Landwirtschaftsbauten	1960	5,64	35	161
	1970	5,64	32	171
	1982	5,92	31	163
Wohnbauten	1960	1,21	11	41
	1970	1,21	11	39
	1982	1,21	9	29
Oeffentliche Bauten total	1960	0,04		
	1970	0,04		
	1982	0,04		
- Versorgung, Unterhalt Verkehrswege, Parkierflächen	1960	0,03		
	1970	0,03		
	1982	0,03		
- Sport und Erholung	1960	0,01		
	1970	0,01		
	1982	0,01		
- Sozial-, Gesundheits- und Kultwesen	1960	-		
	1970	-		
	1982	-		
- Uebrige öffentliche Bauten	1960	-		
	1970	-		
	1982	-		
Industrie- und Gewerbebauten	1960	-		
	1970	-		
	1982	-		
Uebrige private Bauten	1960	-		
	1970	-		
	1982	-		

Tab. 50

WITTERSWIL

Bebauung und Einwohner
ausserhalb der Bauzone
Stand 1960/1970/1982*

(Flächen in Hektaren)

*Haushaltungen und
Einwohner 1980

		Baulich ausgenützte Fläche	Anzahl Haushaltungen	Anzahl Einwohner
Total überbaute Fläche	1960	0,54	5	17
	1970	1,13	12	43
	1982	2,64	12	40
Landwirtschaftsbauten	1960	-	-	-
	1970	-	-	-
	1982	0,24	1	5
Wohnbauten	1960	0,49	5	17
	1970	0,81	12	43
	1982	0,96	11	35
Oeffentliche Bauten total	1960	0,05		
	1970	0,32		
	1982	0,44		
- Versorgung, Unterhalt Verkehrswege, Parkierflächen	1960	-		
	1970	0,02		
	1982	0,14		
- Sport und Erholung	1960	0,05		
	1970	0,05		
	1982	0,05		
- Sozial-, Gesundheits- und Kultwesen	1960	-		
	1970	0,25		
	1982	0,25		
- Uebrige öffentliche Bauten	1960	-		
	1970	-		
	1982	-		
Industrie- und Gewerbebauten	1960	-		
	1970	-		
	1982	1,0		
Uebrige private Bauten	1960	-		
	1970	-		
	1982	-		

Tab. 51

HOCHWALD

Bebauung und Einwohner
ausserhalb der Bauzone
Stand 1960/1970/1982 *

(Flächen in Hektaren)

*Haushaltungen und
Einwohner 1980

		Baulich ausgenützte Fläche	Anzahl Haushaltungen	Anzahl Einwohner
Total überbaute Fläche	1960	4,54	16	64
	1970	6,13	20	69
	1982	6,92	27	91
Landwirtschaftsbauten	1960	2,92	12	51
	1970	2,98	12	44
	1982	3,23	11	33
Wohnbauten	1960	0,68	4	13
	1970	2,01	8	25
	1982	2,47	16	58
Oeffentliche Bauten total	1960	0,36		
	1970	0,36		
	1982	0,36		
- Versorgung, Unterhalt Verkehrswege, Parkierflächen	1960	-		
	1970	-		
	1982	-		
- Sport und Erholung	1960	0,20		
	1970	0,20		
	1982	0,20		
- Sozial-, Gesundheits- und Kultwesen	1960	0,16		
	1970	0,16		
	1982	0,16		
- Uebrige öffentliche Bauten	1960	-		
	1970	-		
	1982	-		
Industrie- und Gewerbebauten	1960	0,48		
	1970	0,41		
	1982	0,41		
Uebrige private Bauten	1960	0,10		
	1970	0,37		
	1982	0,45		

Tab. 52

ERSCHWIL

Bebauung und Einwohner
ausserhalb der Bauzone
Stand 1960/1970/1982*

(Flächen in Hektaren)

*Haushaltungen und
Einwohner 1980

		Baulich ausgenützte Fläche	Anzahl Haushaltungen	Anzahl Einwohner
Total überbaute Fläche	1960	4,20	12	57
	1970	4,69	16	83
	1982	4,96	15	77
Landwirtschaftsbauten	1960	3,60	9	46
	1970	3,60	9	50
	1982	3,60	8	47
Wohnbauten	1960	0,39	3	11
	1970	0,73	7	33
	1982	0,76	7	30
Oeffentliche Bauten total	1960	0,21		
	1970	0,21		
	1982	0,21		
- Versorgung, Unterhalt Verkehrswege, Parkierflächen	1960	-		
	1970	-		
	1982	-		
- Sport und Erholung	1960	0,15		
	1970	0,15		
	1982	0,15		
- Sozial-, Gesundheits- und Kultwesen	1960	0,02		
	1970	0,07		
	1982	0,02		
- Uebrige öffentliche Bauten	1960	0,04		
	1970	0,04		
	1982	0,04		
Industrie- und Gewerbebauten	1960	-		
	1970	0,15		
	1982	0,39		
Uebrige private Bauten	1960	-		
	1970	-		
	1982	-		

Tab. 53

Zusammenfassung:

5 Testgemeinden

Verkehrsfläche ausser-
halb der Bauzone

Stand 1960/1970/1982

		1960		1970			1982		
		Länge km	Fläche ha	Länge km	Fläche ha	Flächenzunahme in % seit 1960	Länge km	Fläche ha	Flächenzunahme in % seit 1960
Verkehrsfläche total			54,87		76,97	40		87,22	59
Autobahnen (HLS)	Fahrbahn	-	-	1,76	4,82		1,76	4,82	
	Ein- und Ausfahrten, Böschungen		-		6,39	13		6,39	17
Haupt- und Orts-verbindungsstrassen (HVS, OVS)	Flur	13,68	9,78	14,50	11,09		14,67	11,41	
	Wald	6,85	3,70	6,85	3,70	0	6,85	3,70	0
Flurstrassen		48,81	15,75	64,05	20,97	34	79,45	25,97	70
Waldstrassen		39,48	12,62	50,36	16,48	31	64,89	21,41	70
Bahnareal		6,74	13,52	6,74	13,52	0	6,74	13,52	0

Tab. 54

OFKINGEN

Verkehrsfläche ausser-
halb der Bauzone
Stand 1960/1970/1982

	1960		1970		1982	
	Länge km (häufigste Breite m)	Fläche ha	Länge km (häufigste Breite m)	Fläche ha	Länge km (häufigste Breite m)	Fläche ha
Verkehrsfläche total		4,03		4,73		7,66
Autobahnen (HLS) Fahrbahn	-	-	-	-	-	-
Ein- und Ausfahrten, Böschungen	-	-	-	-	-	-
Haupt- und Orts- verbindungsstrassen (HVS,OVS) Flur	3,41	2,19	3,41	2,27	3,58	2,38
Wald	0,35	0,17	0,35	0,17	0,35	0,17
Flurstrassen	3,22 (3,5)	1,13	4,12 (3,5)	1,44	10,80 (3,5)	3,78
Waldstrassen	1,53 (3,5)	0,54	2,44 (3,5)	0,85	3,81 (3,5)	1,33
Bahnareal	-	-	-	-	-	-

Tab. 55

DULLIKEN

Verkehrsfläche ausserhalb der Bauzone
Stand 1960/1970/1982

		1960		1970		1982	
		Länge km (häufigste Breite m)	Fläche ha	Länge km (häufigste Breite m)	Fläche ha	Länge km (häufigste Breite m)	Fläche ha
Verkehrsfläche total			15,23		16,95		17,57
Autobahnen (HLS)	Fahrbahn	-	-	-	-	-	-
	Ein- und Ausfahrten, Böschungen	-	-	-	-	-	-
Haupt- und Ortsverbindungsstrassen (HVS, OVS)	Flur	2,84	1,65	2,84	1,80	2,84	1,80
	Wald	2,36	1,46	2,36	1,46	2,36	1,46
Flurstrassen		7,15 (3)	2,14	7,30 (3)	2,19	7,64 (3)	2,29
Waldstrassen		6,26 (3,5)	2,19	10,60 (3,5)	3,71	12,08 (3,5)	4,23
Bahnareal		2,76	7,79	2,76	7,79	2,76	7,79

Tab. 56

LOSTORF

Verkehrsfläche ausserhalb der Bauzone

Stand 1960/1970/1982

			1960		1970		1982	
			Länge km (häufigste Breite m)	Fläche ha	Länge km (häufigste Breite m)	Fläche ha	Länge km (häufigste Breite m)	Fläche ha
Verkehrsfläche total				15,04		15,62		19,16
Autobahnen (HLS)	Fahrbahn		-	-	-	-	-	-
	Ein- und Ausfahrten, Böschungen		-	-	-	-	-	-
Haupt- und Ortsverbindungsstrassen (HVS, OVS)		Flur	4,41	2,70	4,41	2,70	4,41	2,91
		Wald	-	-	-	-	-	-
Flurstrassen			19,30 (3)	5,79	20,57 (3)	6,17	28,02 (3)	8,41
Waldstrassen			21,45 (3)	6,55	22,51 (3)	6,75	26,12 (3)	7,84
Bahnareal			-	-	-	-	-	-

Tab. 57

EGERKINGEN

Verkehrsfläche ausser-
halb der Bauzone

Stand 1960/1970/1982

			1960		1970		1982	
			Länge km (häufigste Breite m)	Fläche ha	Länge km (häufigste Breite m)	Fläche ha	Länge km (häufigste Breite m)	Fläche ha
Verkehrsfläche total				14,86		33,22		34,92
Autobahnen (HLS)	Fahrbahn		-	-	1,76 (2x13)	4,82	1,76 (2x13)	4,82
	Ein- und Ausfahrten, Böschungen		-	-		6,39		6,39
Haupt- und Orts- verbindungsstrassen (HVS,OVS)	Flur		1,59	2,24	2,41	3,22	2,41	3,22
	Wald		4,14	2,07	4,14	2,07	4,14	2,07
Flurstrassen	Mittelland		9,33 (3)	2,80	20,67 (3,5)	7,23	20,67 (3,5)	7,23
	Jurawelde		0,59 (3)	0,17	0,81 (3)	0,74	1,06 (3)	0,32
Waldstrassen			9,35 (3,5)	3,17	13,87 (3,5)	4,84	18,46 (3,5)	6,46
Bahnareal			1,96	4,41	1,96	4,41	1,96	4,41

Tab. 58

WITTERSWIL

Verkehrsfläche ausserhalb der Bauzone

Stand 1960/1970/1982

		1960		1970		1982	
		Länge km (häufigste Breite m)	Fläche ha	Länge km (häufigste Breite m)	Fläche ha	Länge km (häufigste Breite m)	Fläche ha
Verkehrsfläche total			5,71		6,45		7,91
Autobahnen (HLS)	Fahrbahn	-	-	-	-	-	-
	Ein- und Ausfahrten, Böschungen	-	-	-	-	-	-
Haupt- und Ortsverbindungsstrassen (HVS, OVS)	Flur	1,43	1,00	1,43	1,10	1,43	1,10
	Wald	-	-	-	-	-	-
Flurstrassen		9,22 (3,5)	3,22	10,58 (3,5)	3,70	11,26 (3,5)	3,94
Waldstrassen		0,49 (3,5)	0,17	0,94 (3,5)	0,33	4,42 (3,5)	1,55
Bahnareal		1,52	1,32	1,52	1,32	1,52	1,32

Tab. 59

Gesamtflächenbilanz von 5 Testgemeinden 1960/70/80
Dulliken, Lostorf, Egerkingen, Oekingen, Witterswil

	1 Gemeinde- fläche	2 Oedland* Wald	3 Weide*	4 Brutto- fläche (1-2)		5 Total	Index	Nettosiedlungsfläche innerh. BZ (dav.Verk.fl.)	ausserh. BZ (dav.Verk.fl.)	6 Wies- und Ackerland	Index
Total der 5 Test- gemeinden	3140	1264	78	1876	1960: 1970: 1980:	209,19 302,26 388,77	100 145 185	141,90 (30,19) 207,05 (42,83) 282,44 (50,91)	67,29 (42,25) 95,21 (60,49) 106,13 (65,61)	1588,81 1495,74 1409,23	100 94 89
Dulliken	606	206	-	400	1960: 1970: 1980:	77,33 100,10 120,68	100 129 156	58,49 (10,10) 80,22 (14,75) 100,33 (16,46)	18,84 (13,04) 19,88 (13,24) 20,35 (13,34)	322,67 299,90 279,32	100 93 87
Lostorf	1319	614	74	705	1960: 1970: 1980:	56,77 75,52 102,31	100 133 180	36,72 (10,58) 53,88 (11,76) 76,07 (14,25)	20,05 (5,49) 21,64 (5,75) 26,24 (11,32)	574,23 555,48 528,69	100 97 92
Egerkingen	708	343	4	365	1960: 1970: 1980:	42,30 85,01 106,10	100 201 251	28,10 (6,09) 47,41 (11,76) 68,19 (13,05)	14,20 (11,69) 37,60 (28,36) 37,91 (28,46)	318,70 275,99 254,90	100 87 80
Oekingen	240	50	-	190	1960: 1970: 1980:	17,65 19,26 27,72	100 109 157	9,53 (1,44) 10,42 (1,62) 14,89 (3,02)	8,12 (3,49) 8,84 (3,88) 12,83 (6,33)	172,35 170,74 162,28	100 99 94
Witterswil	267	51	-	216	1960: 1970: 1980:	15,14 22,37 31,96	100 148 211	9,06 (1,98) 15,12 (2,94) 22,96 (4,13)	6,08 (5,54) 7,25 (6,12) 9,00 (6,36)	200,86 193,63 184,04	100 96 92

*Flächen in Hektaren
*Arealstatistik 1972

ABB. 28

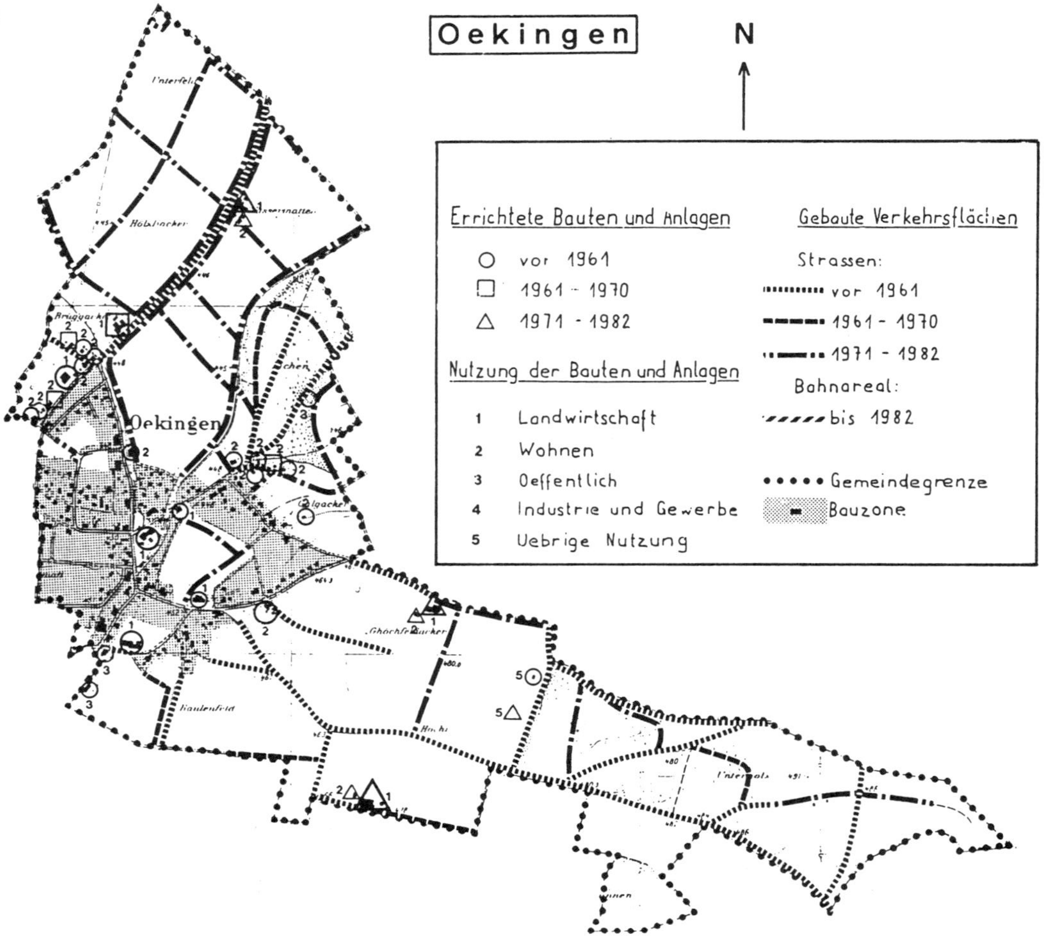

Oekingen

N ←

Errichtete Bauten und Anlagen
○ vor 1961
□ 1961 - 1970
△ 1971 - 1982

Nutzung der Bauten und Anlagen
1 Landwirtschaft
2 Wohnen
3 Oeffentlich
4 Industrie und Gewerbe
5 Uebrige Nutzung

Gebaute Verkehrsflächen
Strassen:
······· vor 1961
▬▬▬ 1961 - 1970
▬·▬·▬ 1971 - 1982
Bahnareal:
≈≈≈≈ bis 1982
●●●● Gemeindegrenze
░░░ Bauzone

- 188 -

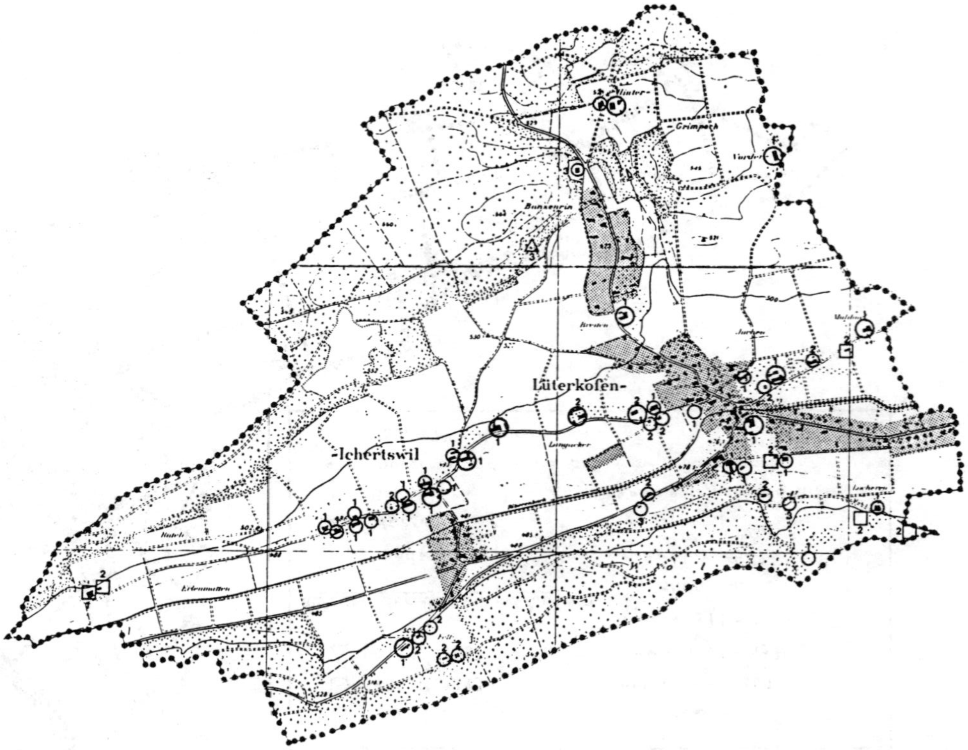

ABB. 29

ABB. 30

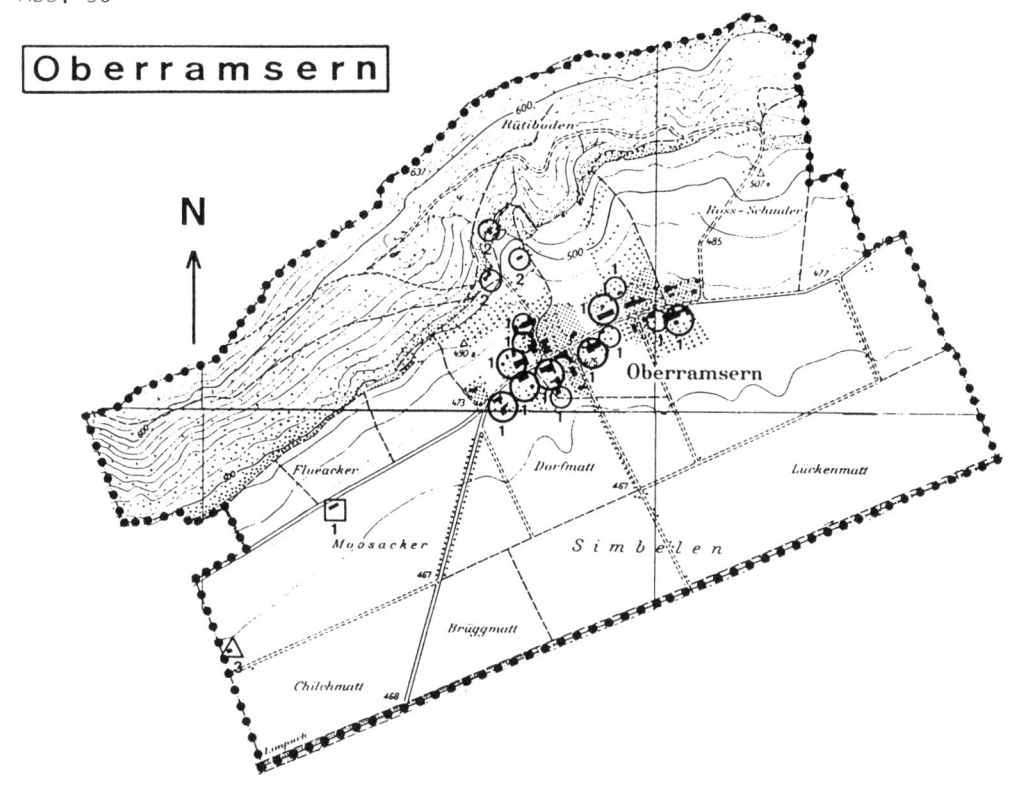

Oberramsern

Errichtete Bauten und Anlagen
- ○ vor 1961
- □ 1961 - 1970
- △ 1971 - 1982

• • • • • Gemeindegrenze
▨ Bauzone

Nutzung der Bauten und Anlagen
1. Landwirtschaft
2. Wohnen
3. Oeffentlich
4. Industrie und Gewerbe
5. Uebrige Nutzung

ABB. 31

Dulliken

N ←

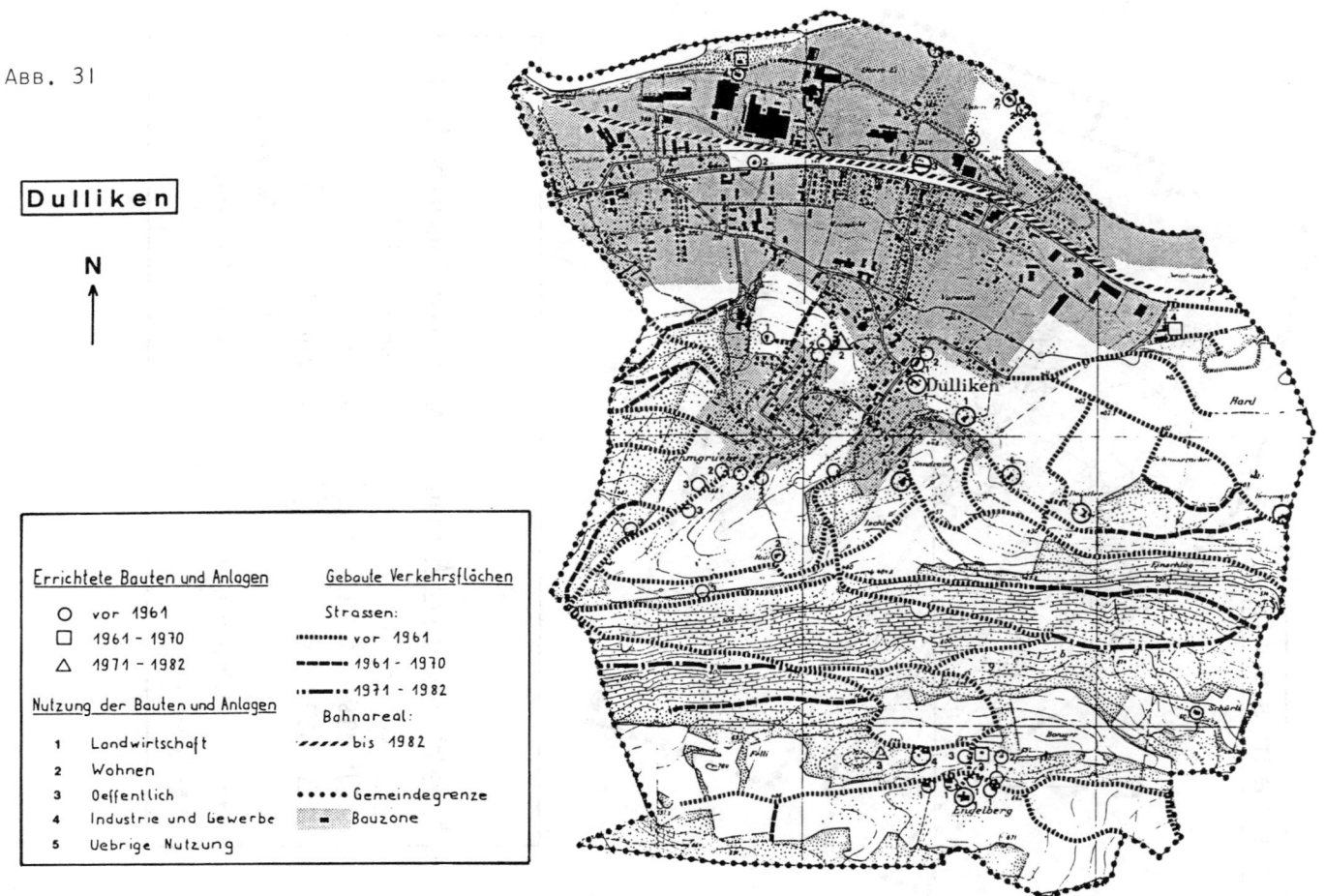

Errichtete Bauten und Anlagen
○ vor 1961
□ 1961 - 1970
△ 1971 - 1982

Nutzung der Bauten und Anlagen
1 Landwirtschaft
2 Wohnen
3 Oeffentlich
4 Industrie und Gewerbe
5 Uebrige Nutzung

Gebaute Verkehrsflächen
Strassen:
──── vor 1961
──── 1961 - 1970
──── 1971 - 1982

Bahnareal:
──── bis 1982
●●●● Gemeindegrenze
▓▓▓▓ Bauzone

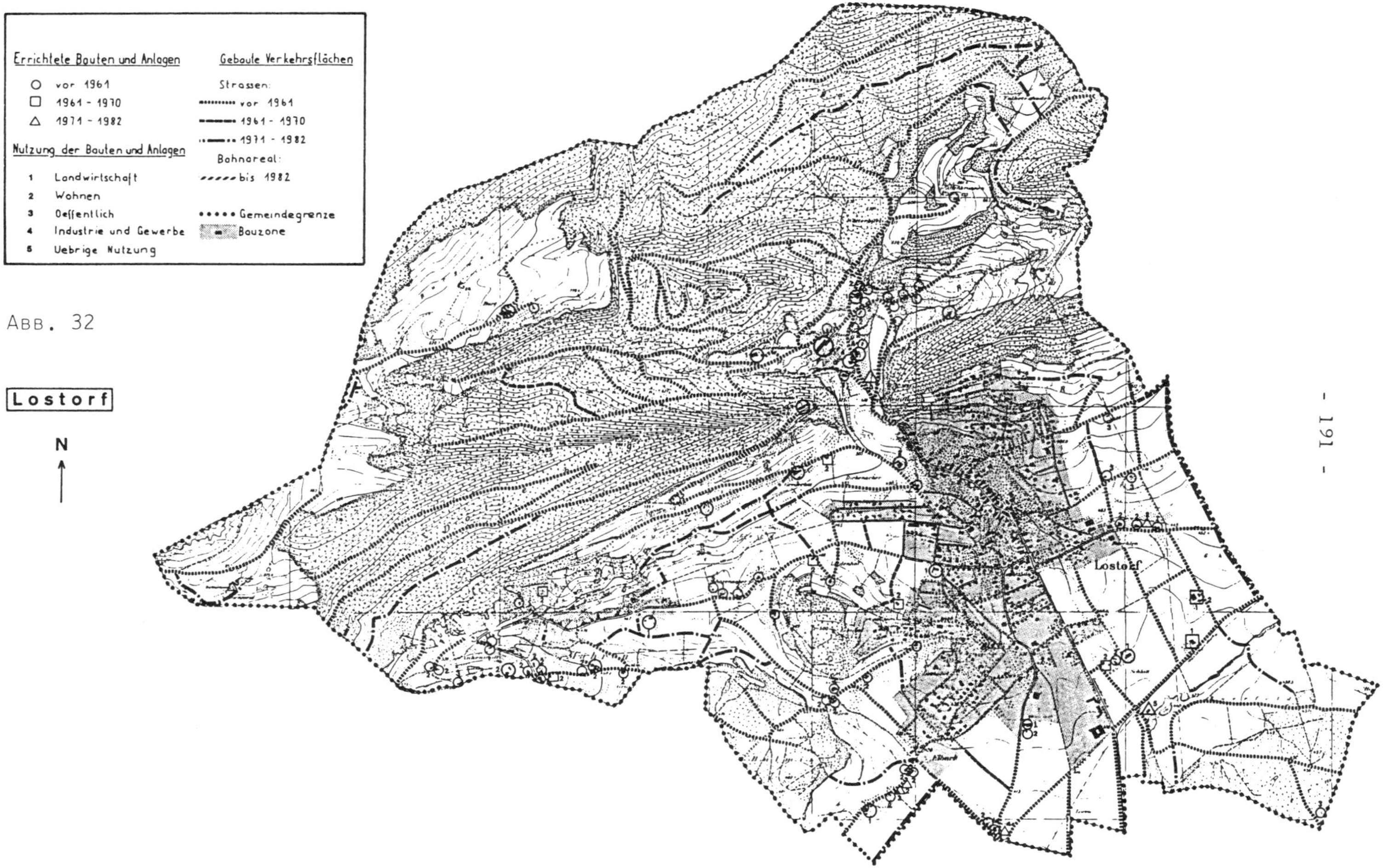

ABB. 32 **Lostorf**

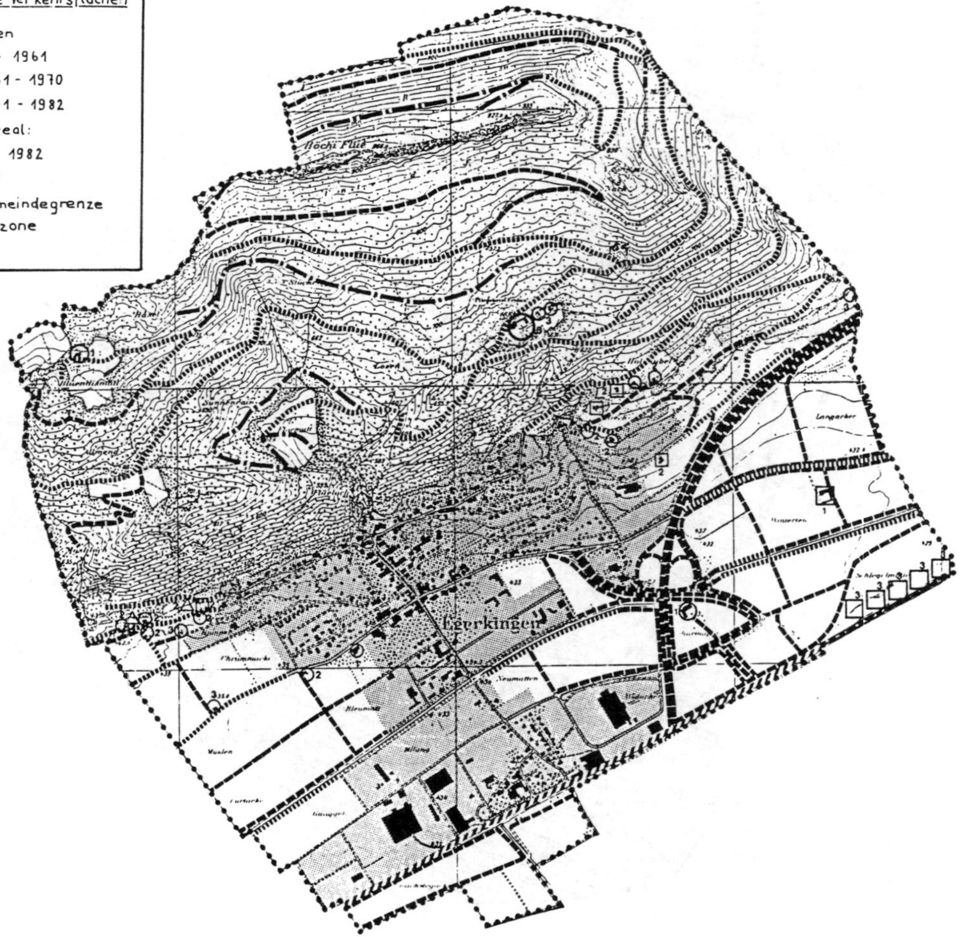

ABB. 33

Egerkingen

N ←

Errichtete Bauten und Anlagen
- ○ vor 1961
- □ 1961 - 1970
- △ 1971 - 1982

Nutzung der Bauten und Anlagen
1. Landwirtschaft
2. Wohnen
3. Oeffentlich
4. Industrie und Gewerbe
5. Uebrige Nutzung

Gebaute Verkehrsflächen
Strassen
- .... vor 1961
- ▬▬▬ 1961 - 1970
- ▬ ▬ ▬ 1971 - 1982

Bohnareal:
- ///// bis 1982
- ••••• Gemeindegrenze
- ▓▓▓ Bauzone

- 193 -

ABB. 34

Niederbuchsiten

N ←

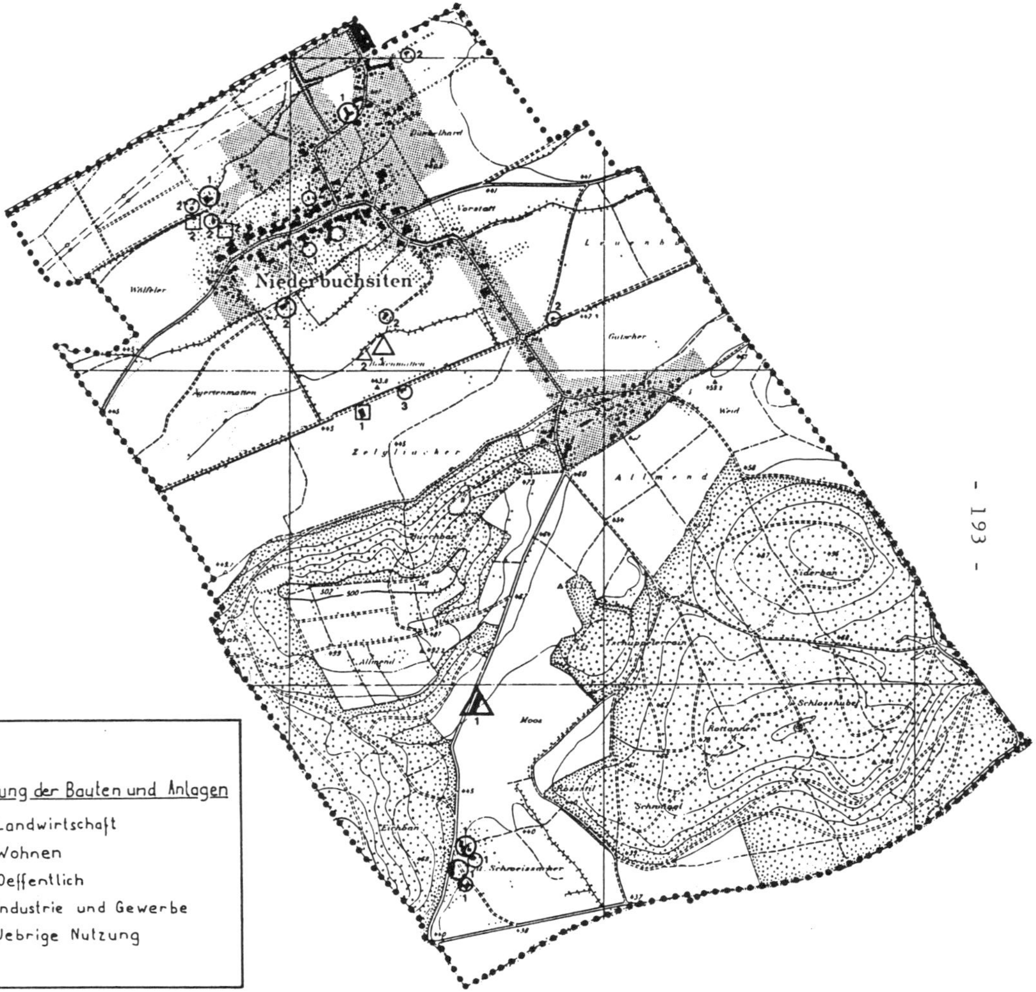

Errichtete Bauten und Anlagen
- ○ vor 1961
- □ 1961 - 1970
- △ 1971 - 1982

Nutzung der Bauten und Anlagen
1. Landwirtschaft
2. Wohnen
3. Oeffentlich
4. Industrie und Gewerbe
5. Uebrige Nutzung

••••• Gemeindegrenze

▓ Bauzone

ABB. 35

Aedermannsdorf

N ↑

Errichtete Bauten und Anlagen
○ vor 1961
□ 1961 - 1970
△ 1971 - 1982

••••• Gemeindegrenze
▩ Bauzone

Nutzung der Bauten und Anlagen
1 Landwirtschaft
2 Wohnen
3 Oeffentlich
4 Industrie und Gewerbe
5 Uebrige Nutzung

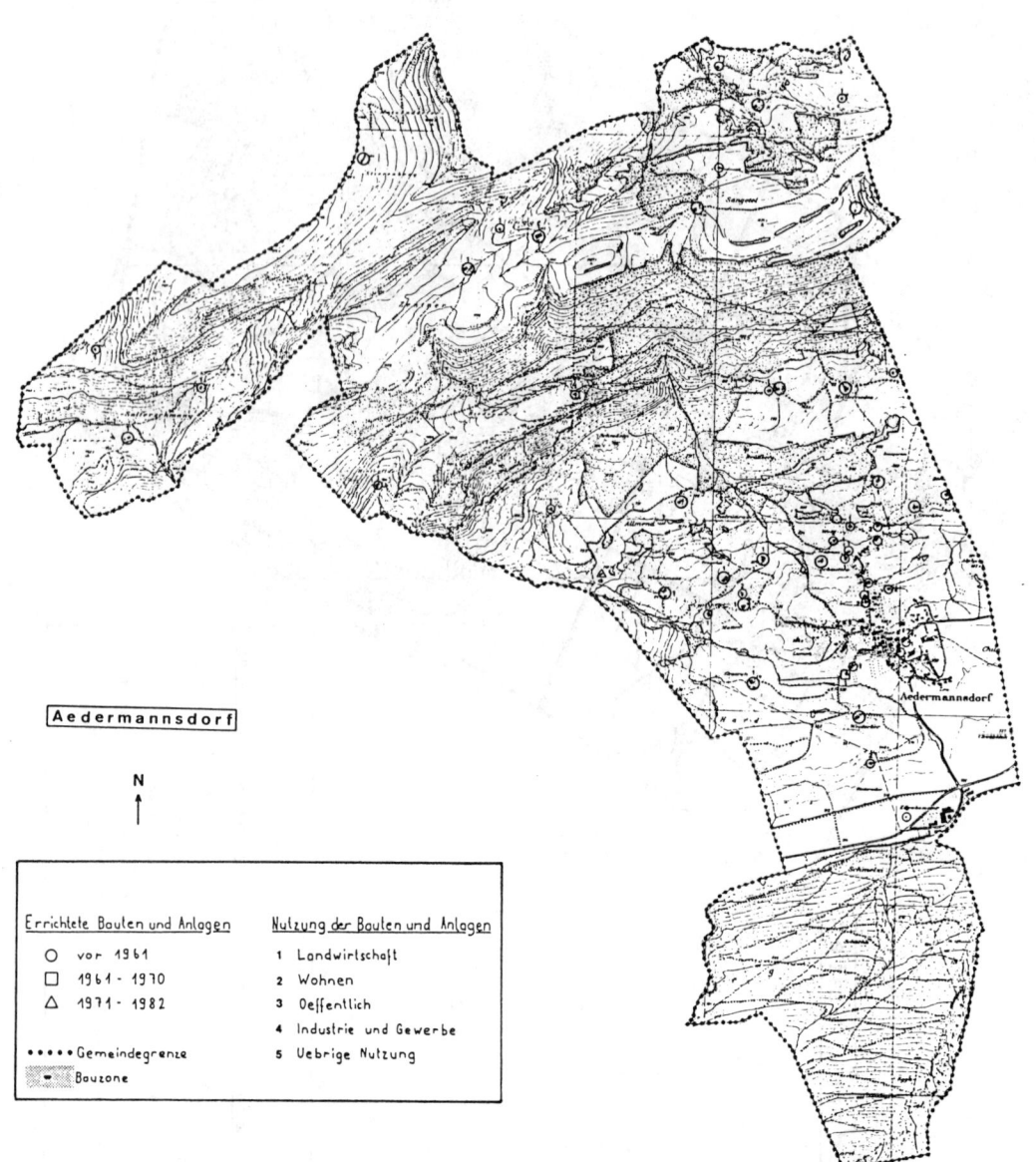

ABB. 36 **Witterswil**

N ←

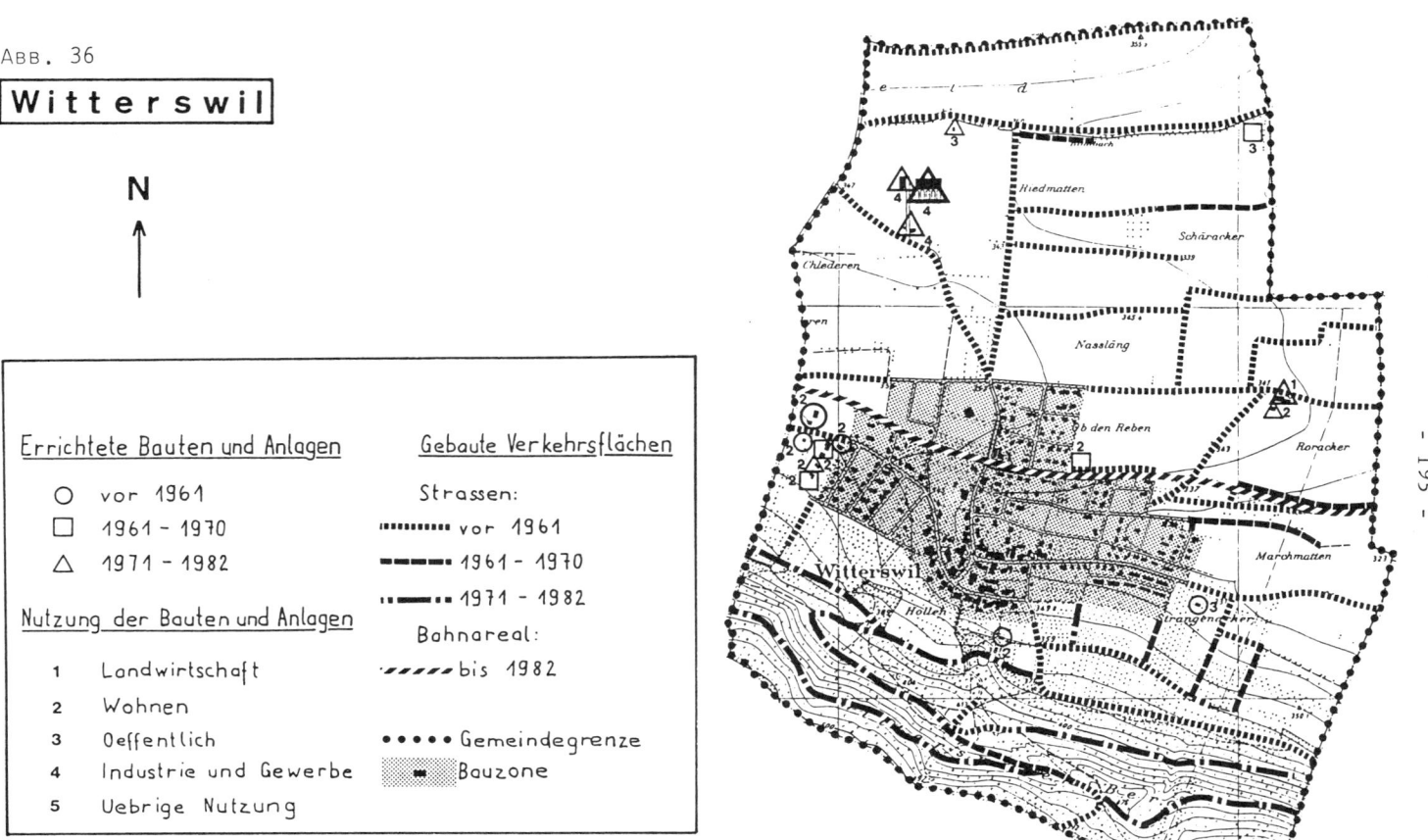

Errichtete Bauten und Anlagen

○ vor 1961
□ 1961 - 1970
△ 1971 - 1982

Nutzung der Bauten und Anlagen

1 Landwirtschaft
2 Wohnen
3 Oeffentlich
4 Industrie und Gewerbe
5 Uebrige Nutzung

Gebaute Verkehrsflächen

Strassen:
·········· vor 1961
━ ━ ━ 1961 - 1970
━━━━ 1971 - 1982

Bahnareal:
╱╱╱╱ bis 1982

●●●● Gemeindegrenze
▓▓▓▓ Bauzone

- 195 -

ABB. 37

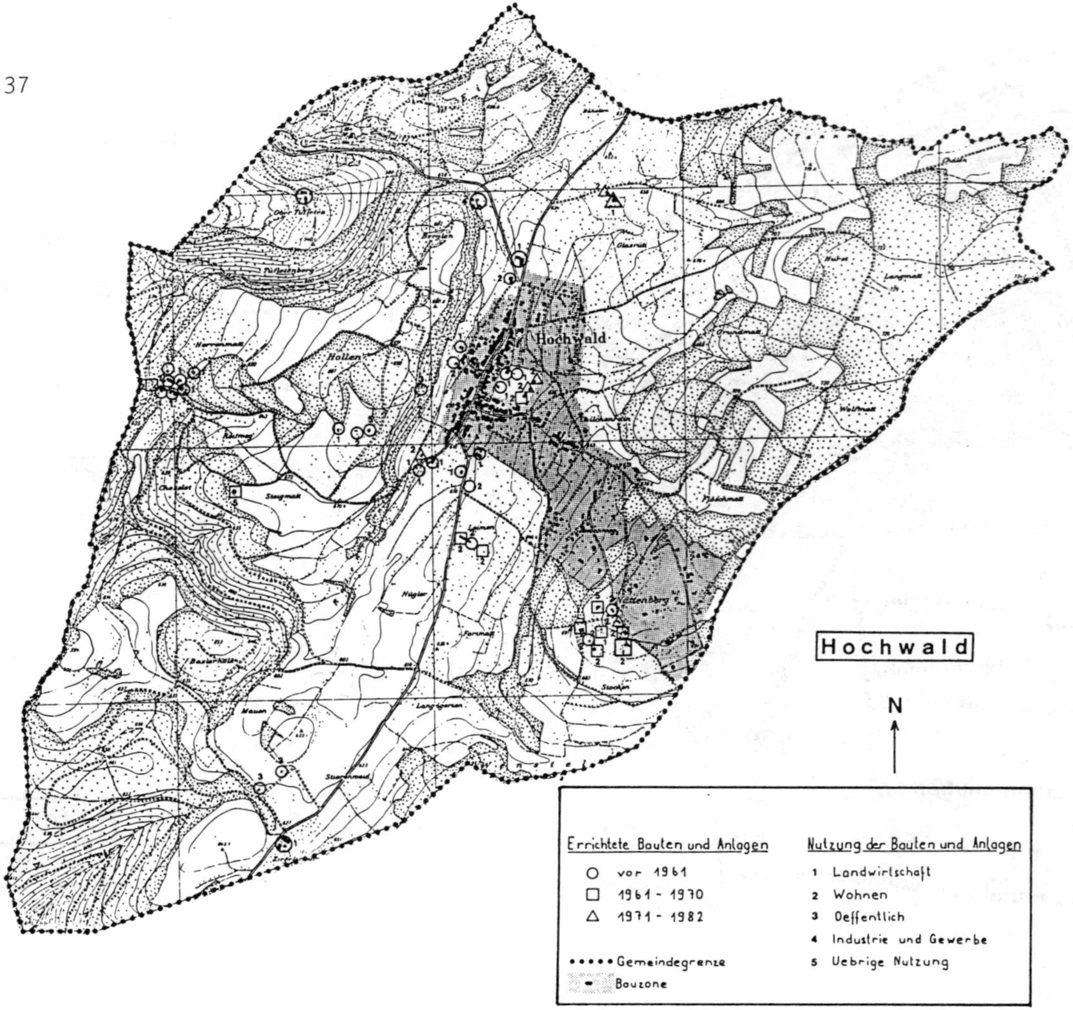

ABB. 38

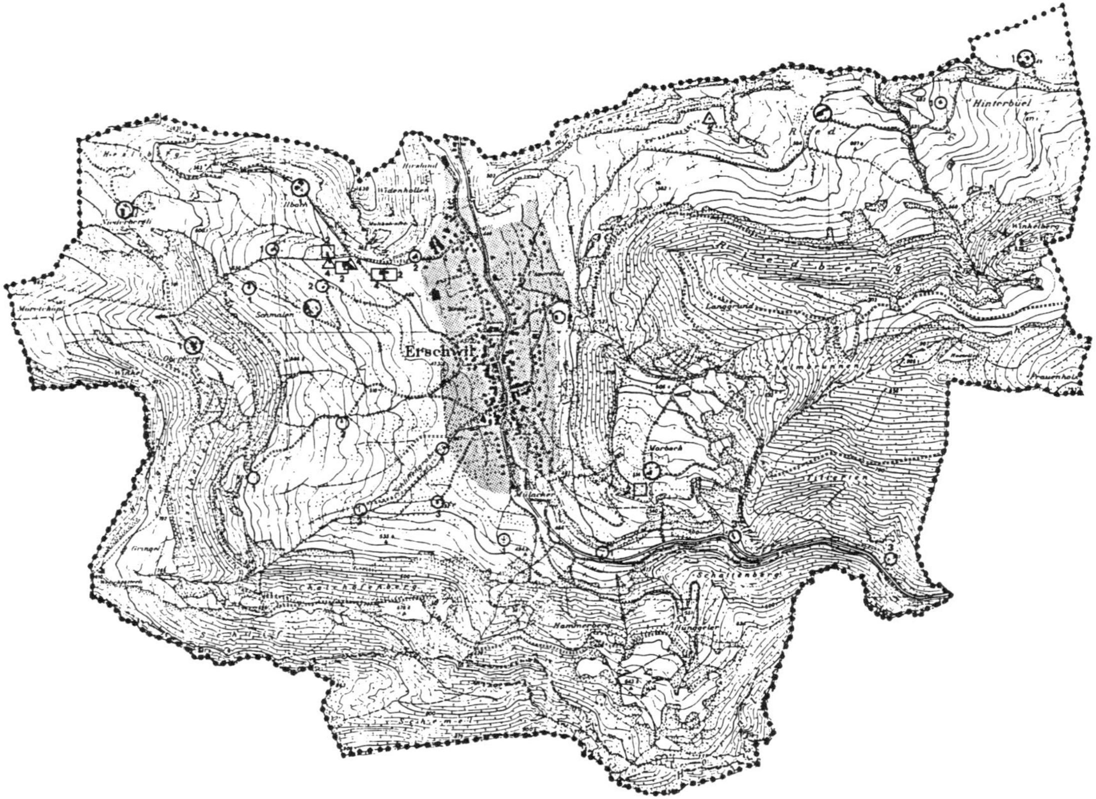

Erschwil

N ←

Errichtete Bauten und Anlagen
○ vor 1961
□ 1961 - 1970
△ 1971 - 1982
••••• Gemeindegrenze
▓ Bauzone

Nutzung der Bauten und Anlagen
1 Landwirtschaft
2 Wohnen
3 Oeffentlich
4 Industrie und Gewerbe
5 Uebrige Nutzung